이제는 말해도 괜찮아

외상을 경험한 아동 · 청소년을 위한
인지행동치료 프로그램

마음 행복 연습장 02

이제는 말해도 괜찮아

외상을 경험한 아동·청소년을 위한 인지행동치료 프로그램 [지침서]

2022년 3월 10일 초판 1쇄 찍음
2022년 3월 21일 초판 1쇄 펴냄

지은이 최지영·홍승희·조은영

책임편집 정세민
편집 정용준·이창현
디자인 김진운
본문조판 민들레
마케팅 최민규

펴낸이 고하영
펴낸곳 ㈜사회평론아카데미
등록번호 2013-000247(2013년 8월 23일)
전화 02-326-1545
팩스 02-326-1626
주소 03993 서울특별시 마포구 월드컵북로6길 56
이메일 academy@sapyoung.com
홈페이지 www.sapyoung.com

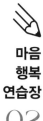

마음
행복
연습장

02

이제는
말해도 괜찮아

외상을 경험한 아동·청소년을 위한
인지행동치료 프로그램

지침서

최지영 · 홍승희 · 조은영 지음

사회평론아카데미

차례

보호자 프로그램 지침서

서문

이 책의 저자들은 외상을 경험한 아동·청소년들과 특별히 많은 시간을 함께한 심리학자들입니다. 그들과 함께한 시간은 참 버겁기도 했지만, 트라우마에도 불구하고 삶을 다시 회복하고 성장해 나가는 어린 내담자들을 지켜볼 수 있었던 경이로운 시간이기도 했습니다. 이 책은 그들과 함께한 경험과 상담의 노하우를 개인적인 것으로 남겨두기보다는 외상을 경험한 아동·청소년을 만나는 상담자들과 나누고 싶다는 생각에서 출발하였습니다.

이 프로그램은 외상을 경험한 아동·청소년을 대상으로 효과성이 검증된 인지행동치료에 기반하면서도, 우리나라 상황에 생생하게 적용할 수 있도록 현장 경험을 바탕으로 개발되었습니다. 외상을 경험한 아동·청소년들을 만나는 것이 아직 익숙하지 않은 상담자들이라도 그 원리를 어렵지 않게 이해하고 사용할 수 있도록 구체적인 지침들을 포함하였습니다. 아이들의 눈높이에 맞추어 편안하게 다가갈 수 있고, 또 그것을 상담자들이 이해하기 쉽게 구성하기 위해 저자들은 많은 시간 동안 경험을 나누고 아이디어를 모았습니다. 2년을 훌쩍 넘는 시간 동안 정기적으로 만나 머리를 맞대고 작업한 결과인 이 프로그램이 현장의 많은 상담자에게 실질적인 도움이 되기를 바랍니다.

책을 쓰겠다고 마음먹는 데는 상담자로서 그리고 학자로서 아동·청소년에 대한 근거기반 심리치료가 널리 확산될 수 있도록 노력해야 한다는 생각을 심어 준, 은사이신 오경자 교수님의 영향이 컸습니다. 이 책의 모델이 된 『나는 생각을 바꾸는 문제해결사: 우울한 십대를 위한 인지행동치료 프로그램』의 저자인 양윤란 선생님은 아동·청소년 인지행동치료 분야의 오랜 선배로, 책 전반에 대한 세심한 자문을 주셨습니다. 조현정, 김하림 선생님은 외상을 경험한 아동·청소년 상담을 최근에 시작한 치료자의 관점에서 구체적인 피드백을 주셨습니다. 트라우마를 겪은 아동·청소년들과 현장의 상담자들에게 꼭 필요한 책을 출판해 주신 사회평론아카데미의 고하영 대표님과 책의 완성도를 위해서 저자들 못지 않게 고민하고 애써 주신 편집자 정세민님에게도 감사를 전합니다.

마지막으로 세상으로부터 받은 상처를 딛고 힘겹게 성장하고 있는 어린 내담자들과, 그리고 그들 옆에서 든든한 지원군이 되고자 애쓰고 있는 동료 상담자들에게 무한한 응원과 격려를 보냅니다.

2022년 3월 저자들을 대표하여

최지영

소개

『이제는 말해도 괜찮아: 외상을 경험한 아동·청소년을 위한 인지행동치료 프로그램』은 여러 가지 외상 사건을 경험한 후에 심리적 어려움을 겪고 있는 10~15세 아동·청소년을 대상으로 한 트라우마 치유 프로그램이다. 본 프로그램의 지침서는 정신병리와 인지행동치료에 대한 이론적 지식을 갖추고 아동·청소년에 대한 상담 경험이 짧게라도 있는 상담자들이 사용할 수 있도록 설계되었다.

외상의 처리에 초점을 둔 인지행동치료는 성 학대, 가정폭력, 지역사회폭력, 재난, 전쟁 등 다양한 종류의 외상을 경험한 아동·청소년을 대상으로 개발되어 그 효과성을 검증받았다(강민아 등, 2008; 송수지, 강영신, 2017; 최지영 등, 2009; Deblinger et al., 2006; Cohen et al., 2011). 선행 연구들에서 외상후스트레스장애(posttraumatic stress disorder: PTSD) 증상을 비롯하여, 외상을 겪은 아동·청소년들이 빈번히 경험하는 우울, 불안, 분노, 정서조절 곤란 등의 다양한 외상 후유증을 경감시키는 데 효과가 있다고 알려진 핵심적인 치료 요소는 '외상에 대한 심리교육', '정서조절 및 안정화 기술', '노출치료', '외상과 관련된 정서와 인지의 처리'이다.

특히 공포 및 불안에 대한 둔감화를 목표로 하는 노출치료는 PTSD 증상의 경감에 있어 중요한 치료 요소로 알려져 있으며, 외상의 종류와 아동의 발달 수준 및 증상 정도에 따라 점진적 노출에서부터 매체나 가상현실을 활용한 노출에 이르기까지 다양한 형태와 방식으로 시도되고 있다(Dorsey et al., 2017; Morina et al., 2016). 그중에서 '내러티브 노출'은 노출과 외상 관련 정서 및 인지에 대한 처리를 함께 진행할 수 있고, 전형적인 PTSD 증상이 아닌 다른 부정적 정서 및 인지가 두드러진 경우에도 외상 경험을 자연스럽게 재구조화·맥락화하는 과정을 제공할 수 있다는 장점이 있다(최남희, 유정, 2010; Robjant & Fazel, 2010; Fazel et al., 2020).

본 프로그램은 (1) 외상과 치료 원리 교육, (2) 정서조절 기술, (3) 내러티브 노출, (4) 자원 강화와 외상의 맥락화, (5) 안전계획 세우기를 주요 내용으로 한다. 프로그램 초기에 진행되는 외상의 영향과 치료 원리에 대한 교육에서는 아동·청소년들이 외상 후에 겪는 반응과 경험을 스스로 이해하고 치료 동기를 강화할 수 있도록 하였다. 정서조절에서는 아동·청소년들이 자신의 정서를 인지한 후 안정화 기술을 습득하고, 생각-감정-행동의 연결고리를 이해하여 추후 내러티브 노출을 준비할 수 있도록 하였다. 내러티브 노출에서는 외상적 기억을 재구성하고, 외상 관련 정서와 인지를 탐색하고 표현하며, 부정적이거나 부적응적인 생각을 변화시키는 인지적 처리를 병행하도록 하였다. 이렇게 내러티브 노출을 통해 외상 사건에 대한 민감성과 부정적 감정이 완화된 후에는 자원 강화와 외상의 맥락화를 통해 아동·청소년 내담자들이 자신의 경험을 통합할 수 있도록 하였다. 마지막으로 현실적으로 실행 가능한 물리적 안전계획과 후유증의 악화를 예방하거나 완화하는 심리적 안전계획을 세우고 치료 과정을 마무리할 수 있도록 하였다.

본 프로그램은 아동·청소년 회기 이외에도 독립적인 보호자 회기들을 포함하고 있다. 보호자 모듈은 외상에 대한 아동·청소년의 반응 및 치료 원리를 이해하도록 돕는 회기와, 부모 자신이 받은 외상의 영향을 인식하고 정서를 조절하는 법을 습득하도록 하는 회기로 구성되어 있다.

프로그램의 대상

본 프로그램은 성폭력, 학대, 가정폭력, 폭행, 집단 괴롭힘 같은 대인관계 외상 및 각종 사고나 재해를 경험한 10~15세(초등학교 3학년~중학교 2학년) 아동·청소년을 대상으로 한다. 외상 사건을 경험한 아동·청소년들은 재경험, 불안·각성 반응, 회피, 그리고 인지와 정서의 부정적 변화를 주요 증상으로 하는 PTSD를 겪게 되는 경우가 흔하다. 이 외에 우울이나 불안과 같은 내재화 증상뿐 아니라, 분노와 행동화 등 다양한 부정적 감정 및 정서조절의 어려움도 겪을 수 있다. 본 프로그램은 특정 증상을 보이거나 진단을 받는 경우에 국한하지 않고, 외상을 경험한 아동·청소년이라면 누구에게나 실시할 수 있다. 증상의 심각도와 양상에 따라 프로그램의 일부 모듈만 실시할 수도 있고 특정 치료 모듈, 이를테면 내러티브 노출을 연장하여 실시할 수도 있다.

　　다만 다음의 경우에는 프로그램의 실시에 앞서 안전 조치와 여타 치료적 개입이 먼저 이루어져야 한다. 첫째, 외상이 재발하거나 계속되고 있는 경우에는 먼저 안전이 확보된 후에 프로그램을 실시한다. 실제적인 위협이 지속되고 있다면 본 프로그램을 시작할 준비가 안 된 것이다. 예를 들어 성폭력이나 가정폭력 등의 경우 내담자가 가해자와 분리되어 있지 않은 상황이라면, 이에 대한 현실적인 개입이 이루어질 수 있도록 조치를 취하거나 그것이 가능한 기관에 연계하는 것이 우선이다. 한편 재피해의 가능성이 현실적으로 높지 않더라도 내담자는 재발에 대해 크게 두려워하거나, 주변의 소문과 비난 등의 2차 피해가 우려되는 상황에 처해있을 수 있다. 이 경우에는 프로그램을 시작하되, 안전계획 모듈을 우선적으로 실시할 것을 권한다.

　　둘째, 자살 시도나 반복된 자살 사고, 자해 행동 등 안전에 위협이 되는 급성 증상을 보이는 경우에는 우선 이에 대한 개입을 받을 수 있도록 한다. 위험 정도에 따라 약물치료 및 입원치료 등을 위해 정신건강의학과 진료를 연계할 수 있으며, 자살 및 자해에 대한 개입 프로그램을 먼저 실시한다. 심각한 해리 증상이나 퇴행 등의 혼란감을 보이는 경우에도 약물치료 및 안정화 기간을 충분히 갖게 한 후 급성 증상들이 완화되었을 때 프로그램을 시작하는 것이 좋다.

만약 외상을 경험한 아동·청소년이 이전부터 겪어온 심리적 어려움이 있다면 본 프로그램 이후 지속적인 상담을 통해 기존 문제를 다룰 것을 권유한다. 예를 들어 외상 사건 이전부터 우울이 지속되었거나 주의력 문제, 적대적 반항 장애, 품행 문제 등이 있었다고 하더라도, 아동·청소년의 참여 동기가 있다면 본 프로그램을 시행할 수 있다. 그리고 본 프로그램이 종결된 후에 해당 문제를 다루도록 한다.

만성적인 대인관계 외상이나 반복된 외상 경험으로 인해 전반적인 자기개념이나 정서조절의 손상이 시사되는 복합외상 피해자라면, 우선 현재 관심의 초점이 되는 외상 경험에 대해 본 프로그램을 적용할 수 있다. 다만 신뢰감 형성과 정서조절 훈습에 특별한 노력을 들여야 하고, 여러 외상 경험들을 연결하여 통합하기 위해 내러티브 노출을 더 길고 집중적으로 진행할 필요가 있을 것이다. 이와 같이 융통성 있는 진행을 위해서는 상담자의 경험과 숙련이 요구된다.

지적 장애를 가진 15세 이상의 청소년도 정신연령이 10~15세 수준이면 프로그램에 참여할 수 있다. 혹은 9세 아동이더라도 인지기능이 양호하고 심리적으로 제 나이에 비해 성숙하다면 정신연령을 기준으로 프로그램을 진행할 수 있다. 다만 인지발달의 수준에 따라 매체활용의 범위를 넓히고 즐거운 활동의 시간을 늘리는 것이 좋다.

프로그램 대상의 사전평가

본 프로그램을 실시할 수 있는 대상인지를 확인하기 위해서는 첫째, 외상 사건의 재발 가능성에 대한 조사, 둘째, 해리 증상이나 자살 사고와 같은 급성 증상에 대한 스크리닝이 필요하다. 일반적으로 상담자들은 프로그램이 시작되기 전에 아동·청소년 및 보호자를 대상으로 임상면담을 실시하여 주요 심리적 어려움에 대해 평가하고 치료 계획을 세운다. 외상을 경험한 아동·청소년들에게 이러한 초기 평가를 할 때는 반드시 물리적 안전과 심리적 안전을 위협하는 위험에 대한 점검을 포함해야 한다. 다음은 초기 평가 시 안전 및 위기와 관련하여 체크해야 할 목록이다.

안전 점검	심리적 위기 평가
가해자와의 분리	자살 사고 및 자살 시도
재발 가능성	자해
가해자 및 제3자로부터의 협박	해리 증상
주변 사람들로부터의 2차 피해 가능성	급성 스트레스 증상
법적 처리 과정에서의 2차 피해 가능성	

심리적 위기 수준을 평가하기 위해 자살이나 해리 증상의 정도를 평가하는 질문지를 사용할 수 있다. 또한 외상 사건이 아동·청소년에게 미친 영향을 이해하고, 프로그램 후의 변화와 진전을 비교할 수 있는 객관적인 자료를 얻기 위해 표준화된 질문지를 사용할 것을 권고한다. 외상을 경험한 아동·청소년들의 다양한 심리적 어려움을 평가할 때는 (1) 자살 사고나 급성 증상을 스크리닝하는 질문지, (2) 외상 증상에 초점을 둔 질문지, (3) 전반적인 적응이나 문제행동을 평가하는 도구를 함께 사용하는 것이 바람직하다. 여기에 우울과 불안에 대한 질문지도 추가할 수 있다. 국내에서 사용 가능한 몇 가지 평가 도구는 다음과 같다.

- 자살 사고 척도(Suicidal Ideation Questionnaire: SIQ): 청소년들의 자살 사고를 평가하기 위해 Reynolds(1987)가 개발한 것을 서미순(2005)이 국내에서 번안한 것으로, 19개 문항으로 이루어져 있다.
- 청소년용 해리 경험 척도(Adolescent Dissociative Experience Scale: A-DES): 11~18세 청소년들을 대상으로 Armstrong 등(1997)이 개발한

것을 국내에서 Shin 등(2009)이 번안하여 타당화하였다.

- 임상가용 아동 및 청소년을 위한 외상후스트레스장애 척도(Clinician Administered PTSD Scale for Children and Adolescents: CAPS-CA): 아동 및 청소년의 PTSD를 진단 및 평가하기 위해 구성된 구조화된 임상면접으로 Nader 등(1996)에 의해 개발된 도구를 구정일 등(2006)이 번안하여 타당화하였다.

- 한국판 사건 충격 척도 수정판(Impact of Events Scale-Revised-Korean version: IES-R-K): PTSD 증상을 평가하기 위해 Weiss와 Marmar(1997)가 개발한 것을 은헌정 등(2005)이 국내에서 번안하여 신뢰도와 타당도를 검증하였다.

- 한국판 사건 충격 척도-아동용(Korean Version of the Children's Revised Impact of Event Scale: K-CRIES): 외상을 경험한 아동의 PTSD 발병 위험률을 측정하기 위한 검사로, 침습적 사고, 회피 증상, 과각성을 평가하는 4점 척도 13개 문항으로 구성되어 있다. Oh 등(2014)이 국내에서 번안하여 타당화하였다.

- 아동·청소년 행동 평가 척도-부모용(Child Behavior Checklist for Ages 6-18: CBCL 6-18): 만 6~18세 아동·청소년의 적응상태 및 문제행동을 부모가 평가하는 표준화된 검사이다. 문제행동증후군 척도와 DSM 척도를 포함하고 있다.

- 청소년 행동 평가 척도-자기보고용(Youth Self Report: YSR): 만 11~18세 청소년의 적응상태 및 문제행동을 청소년 자신이 평가하는 표준화된 검사이다. 문제행동증후군 척도와 DSM 척도를 포함하고 있다.

- 다면적 인성검사-청소년용(Minnesota Multiphasic Personality Inventory-Adolescent: MMPI-A): 만 13~18세 청소년을 대상으로 다양한 정신병리에 대해 평가할 수 있는 표준화된 자기보고식 검사이다.

- 아동용 우울 척도(Children's Depression Inventory: CDI): 아동·청소년의

우울 정도를 평가하기 위해 Kovacs(1981)가 개발한 것을 조수철과 이영식(1990)이 번역하여 타당화하였다.

- 한국판 벡 우울 척도 2판(Korean-Beck Depression Inventory-II: K-BDI-II): 가장 널리 사용되고 있는 자기보고형 우울 설문지로, 13세 이상 청소년을 대상으로 사용할 수 있으며 국내에서 표준화되어 판매되고 있다.
- 한국판 벡 불안 척도(Korean-Beck Anxiety Inventory: K-BAI): 불안 정도를 측정할 수 있는 자기보고 검사로, 13세 이상 청소년을 대상으로 사용할 수 있으며 역시 국내에서 표준화되어 판매되고 있다.

아동 · 청소년 프로그램의 구성

아래의 표는 아동·청소년 프로그램을 구성하는 치료 모듈과 모듈별 활동을 요약한 것이다.

치료 모듈		활동 제목	소요 회기
외상과 치료 원리 교육		우리 모두 그래	1회기
정서조절 기술	정서 인지와 표현	내 마음은 지금	1회기
	안정화 기술	몸도 마음도 휴	1~2회기
	생각-감정-행동의 관계 이해	생각-감정-행동의 연결고리	1~2회기
내러티브 노출	외상 이야기 만들기	'나의 _____ 이야기'	3~6회기
	(선택활동) 모의법정	솔로몬이 되어보자!	1회기
자원 강화와 외상의 맥락화		미래의 나, 웃는 나 ☺	1~2회기
안전계획 세우기		내가 할 수 있는 일	1회기
치료 마무리		다시, 한발 앞으로	1회기

외상과 치료 원리 교육은 외상의 영향, 외상 후 증상, 치료 원리를 이해할 수

있도록 첫 회기로 구성하였다. 이 시간에 아동·청소년들은 자신이 겪고 있는 어려움이 이상한 것이 아니라 외상에 대한 자연스럽고 정상적인 반응이라는 점을 이해하고, 회복될 수 있다는 안심과 희망을 가질 수 있다.

정서조절 기술에서는 외상과 관련한 부정적 정서와 인지들을 처리할 수 있는 준비 작업인 '정서 인지와 표현'을 다룬 후에, 외상으로 인한 불안·각성 반응을 조절하는 '안정화 기술'을 습득하도록 하였다. 또한 생각의 변화를 통한 정서조절로서 '생각-감정-행동의 관계 이해'를 포함한다. 이 세 가지 활동은 통상 각각 1회기로 진행한다. 그러나 아동·청소년의 불안·각성 반응이 심한 경우 충분한 시간에 걸쳐 반복하여 연습할 수 있도록 '안정화 기술'을 2회기로 늘릴 수 있다. 또한 '생각-감정-행동의 관계 이해' 활동도 생각과 감정, 행동의 연결고리를 충분히 이해할 수 있도록 2회기로 연장할 수 있다.

내러티브 노출은 외상 사건을 세부적으로 기억하여 재구성하는 과정을 통해 감각적 기억, 생각, 정서 경험들을 인식한 뒤, 이를 표현하고 처리하여 통합하는 것을 목적으로 한다. 아동·청소년이 겪은 외상의 종류와 외상 증상의 양상, 그리고 발달 수준이나 인지 능력에 따라 소요 시간은 달라진다. 노출의 원리를 이해하고 외상 이야기를 만들면서 관련된 생각과 기분을 표현하고 정리하기 위해 일반적으로 3회기 정도 소요될 것으로 예상된다. 그러나 외상이 반복되거나 복합적이라면 6회기 이상으로 연장할 수 있다. 외상을 연상시키는 단서에 대한 불안·각성 반응과 회피로 인해 실제 생활의 적응에 어려움을 겪고 있는 경우에는, 내러티브 노출이 마무리 단계에 이르렀을 때 외상 단서에 대한 실제 노출 회기를 계획하여 실행한다. 이때 내담자의 연령을 고려하여 보호자의 협조 아래 노출 계획을 세운다. 모의법정은 외상 내러티브 노출 과정에서 사건의 원인과 책임에 대한 왜곡된 사고를 교정하고 가해자의 책임을 분명하게 하기 위한 활동으로, 선택적으로 1회기 실시할 수 있다. 특히, 성폭력, 가정폭력, 뺑소니 사고 등 가해자의 책임이 분명한 외상 사건에 대해 실시할 것을 권고한다.

자원 강화와 외상의 맥락화에서는 외상을 겪는 동안에 약화되거나 손상된 자기개념을 긍정적으로 회복하고, 자신의 외상 경험을 시간적 맥락 및 다른 사람의 관점에서 조망함으로써 삶의 일부로 통합할 수 있도록 돕고자 한다. 여기에는 네 가지 세부 활동이 있다. 우선 '나만의 보물 상자'와 '나를 알아보자'는 외상에 대한 왜곡된 귀인이나 해석을 수정했던 내러티브 노출에서 한발 더 나아가, 외상이 자기개념에 미친 영향을 점검하고 자신의 강점과 자원을 인식하여 자기개념을 긍정적으로 통합하기 위한 활동이다. '미래의 내 모습'에서는 아동·청소년이 자신의 외상을 과거-현재-미래의 시간적 맥락 속에서 조망하도록 돕는다. 이를 통해 아동·청소년은 외상을 삶 전체를 압도하거나 좌지우지하는 경험이 아닌, 삶의 한 부분으로 통합할 수 있다. '너에게 보내는 편지'는 자신이 겪은 외상 사건을 제3자의 입장에서 조망해보는 활동이다. 이 활동들은 통상 1회기로 진행하나 2회기로 연장할 수 있다.

안전계획 세우기는 물리적 안전계획 세우기와, 심리적 후유증의 재발이나 악화에 대비한 심리적 안전계획 세우기로 나눌 수 있다. 물리적 안전계획은 실재하는 위험 신호를 탐색하고 이에 대한 행동지침을 정하는 것에 초점을 둔다. 심리적 안전계획은 아동·청소년 스스로 '마음의 위험 신호'를 탐지하고 대처하는 방법을 정리해보는 것이다. 만약 내담자가 외상이 다시 발생할 수 있다는 생각에 위협을 느끼고 두려워한다면, 물리적 안전계획에 초점을 둔 활동을 프로그램 초기에 진행하는 것이 유용할 수 있다. 이는 내담자의 안전감을 향상시켜 외상을 다루는 다른 활동들에 더 잘 전념하도록 돕는다. 이 모듈은 통상 1회기로 진행한다.

종결하기에서는 프로그램의 전 과정을 정리하고 소감을 나눈다. 아동·청소년들이 치료 과정에서 얻은 점과 회복된 점을 인식할 수 있도록 하는 한편, 남은 문제와 아쉬운 점에 대한 추후 대응 방법을 계획한다. 치료 과정을 부모와 공유하는 '공동회기'는 부모-자녀가 서로 이해하고 수용하며 관계를 회복하는 데 도움이 된다. 부모가 준비되지 않았거나 십대 내담자들이 원하지 않을 경우에는 진행하지 않는다.

본 프로그램은 선택 회기를 하지 않을 경우 전체적으로 최소 10회기에 걸쳐 진행할 수 있다. 일반적으로는 12~16회기 정도 진행하며, 최대 20회기까지 연장할 수 있다.

보호자 프로그램의 구성

보호자 프로그램을 구성하는 치료 모듈의 주요 내용은 다음과 같다.

치료 모듈	주요 내용
모듈 ①	외상에 대한 이해
모듈 ②	치료 원리와 과정에 대한 이해
모듈 ③	보호자 자신의 정서조절
부록	보호자가 흔히 하는 질문들

모듈 ①은 외상에 대한 이해이다. 외상 후 아동·청소년의 반응과 후유증에 대한 보호자의 이해를 촉진하고 적절한 대처 방법을 안내한다. 모듈 ②는 치료 원리와 과정에 대한 이해이다. 프로그램의 목표와 각 치료 모듈의 원리를 설명한다. 특히 내러티브 노출의 원리와 치료 과정에서 아동·청소년이 경험할 수 있는 어려움을 이해시키는 데에 초점을 둠으로써, 보호자가 아동·청소년의 프로그램 참여를 격려하고 지지할 수 있도록 한다. 모듈 ③은 보호자 자신의 정서조절이다. 보호자가 간접적으로 경험한 외상이 자신에게 어떠한 심리적 영향을 미쳤는지 인식하고, 효과적인 정서조절 기술을 습득할 수 있도록 돕는다. 이렇듯 아동·청소년 프로그램의 정서조절 모듈의 원리를 보호자도 습득하면, 스스로 심리적 안정을 도모할 수 있을 뿐 아니라 아동·청소년의 정서조절 기술 습득과 안정화를 지지하고 격려해줄 수 있다. 또한 본 프로그램 이외에 '보호자가 흔히 하는 질문들'이라는 부록을 추가해두었다. 여기에서는 외상을 경험한 자녀를 둔

보호자가 자녀의 증상이나 양육에 대해 많이 하는 질문과 그에 대한 답변의 예시를 제공한다. 이 부록은 세 가지 기본 모듈 외에 아동·청소년 프로그램이 진행되는 동안 일상적인 부모 상담을 할 때에도 활용할 수 있다.

프로그램의 진행 순서

아동·청소년 프로그램과 보호자용 프로그램의 전체 진행 순서는 다음 그림과 같다.

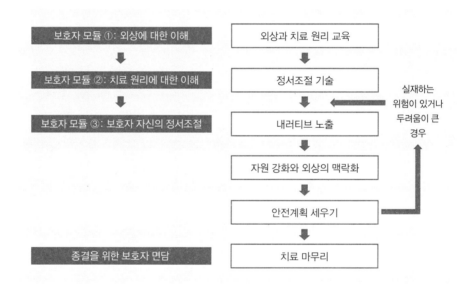

가장 먼저 외상과 치료 원리에 대한 심리교육이 이루어지고, 안정화 기술을 포함한 정서조절 기술의 습득과 연습이 진행된다. 이는 향후 내러티브 노출을 준비하기 위함이다. 이 시기에 보호자는 외상과 치료 원리에 대한 이해(보호자 모듈 ①, ②)를 진행하여 내러티브 노출을 함께 준비한다. 불안·각성 반응이 심한 경우에는 안정화 기술을 좀 더 반복하여 연습하며, 현실적으로 외상이 재발하는 것에 대한 염려와 두려움을 많이 가진 경우라면 내러티브 노출을 시작하기 전에 안전계획 세우기를 먼저 진행한다.

내러티브 노출은 외상 사건에 대한 내러티브와 외상에 대한 정서, 생각들을 검토하고 처리하는 과정을 포함하여 통상 3회기 정도에 걸쳐 진행한다. 비대인적인 단일 사건이고 증상이 비교적 경미한 경우에는 2회기 정도로 줄일 수 있고, 반대로 외상이 반복적이거나 복합적인 경우에는 6회기 이상으로 늘릴 수 있다. 내러티브 노출 회기가 길어지면 내담자들이 일상생활에서 큰 심리적 부담감을 느낄 수 있으므로 그러한 문제를 중간중간 점검하고 체크한다. 장거리 경주와 같은 이러한 과정을 위해서는 상담자와 외상을 경험한 십대 내담자 간의 치료적 동맹이 반드시 뒷받침되어야 한다. 한편, 보호자 자신의 정서조절(보호자 모듈 ③)은 이 내러티브 노출 시기에 진행한다.

자원 강화와 외상의 맥락화는 내러티브 노출이 완료된 후에 진행한다. 기분 전환의 효과를 위해 긍정적 활동인 자원 강화를 먼저 한 뒤, 외상의 맥락화를 진행하도록 하였다. 안전계획 중에서 물리적 안전계획이 내러티브 노출 이전에 진행되었다면, 외상 증상의 재발에 대한 대처 방안을 세우는 심리적 안전계획은 치료 마무리와 함께 구성할 수 있다. 치료 마무리에서는 부모-자녀 공동회기를 병행할 것을 추천하지만, 부모의 준비 상태와 십대 내담자들의 의사에 따라 생략할 수 있다.

프로그램의 운영

1) 운영 방식

본 프로그램은 개인 상담용으로 개발되었다. 단, 동일한 외상을 집단적으로 경험한 또래 아이들이라면 네다섯 명으로 구성된 집단으로 실시할 수 있다. 이때는 동일한 사건에 대해 공통적으로 경험한 것이 무엇이며, 다르게 해석되는 것은 무엇인지 비교하면서 통합해나갈 수 있다. 이러한 경우를 제외하고는 개인이 경험한 고유한 외상 사건을 심도 있게 다루기 위해 개인 상담이 권고된다.

아동·청소년 프로그램은 주 1회, 회기당 40~45분을 기본으로 하였으나, 보호자가 참여하는 경우 상담회기가 끝난 후 추가로 10분 정도 간략한 보호자 면담을 진행할 수 있다. 동일한 외상을 경험한 아동·청소년을 대상으로 한 집단 상담은 회기당 100~120분 정도가 적절하다. 보호자 프로그램은 회기당 40~45분으로, 최소 3회는 아동·청소년의 상담회기와는 별도의 시간에 진행한다.

2) 지침서에 근거한 상담

본 프로그램은 지침서와 워크북으로 구성되어 있다. 지침서는 상담자가 외상의 심리적 영향과 그 생리적 기제에 대해 이해하고 있으며, 아동·청소년의 인지행동치료에 대한 기본적인 지식과 경험을 지니고 있다는 전제하에 기술하였다. 아동·청소년의 인지행동치료의 구체적인 적용 방법에 대해서는 우울한 십대를 위한 인지행동치료 프로그램인 『나는 생각을 바꾸는 문제해결사』(양윤란 등, 2018)를 참고할 수 있다. 지침서에는 아동·청소년 프로그램 지침서와 보호자 프로그램 지침서, 보호자용 워크시트가 포함되어 있고, 워크북에는 아동·청소년 프로그램의 각 활동들을 진행할 때 사용할 내담자용 워크시트를 담았다.

3) 상담자와 내담자의 협력

모든 상담 프로그램이 효과적으로 운영되기 위해서는 상담자와 내담자의 협력이 전제되어야 하며, 아동·청소년 내담자와의 상담은 보호자의 협력도 중요하다. 특히 십대 내담자의 외상 치료 과정에 있어 상담자와 내담자의 치료적 동맹은 필수적인 요소이다. 외상을 경험한 아동·청소년들이 프로그램에 참여하기 위해서는 외상에 대한 불편한 감정과 생각, 경험에 직면하면서 느끼게 되는 두려움과 부담감을 감수해야 하기 때문이다. 상담자는 십대 내담자들이 회복에 대한 희망과 치료 과정에 대한 믿음을 잃지 않게 해주는 든든한 동반자이자 모델이 되어야 한다.

상담자는 십대 내담자들이 외상을 다루어야 하는 부담감에도 불구하고 상담실에 오는 것이 즐겁고 위안이 될 수 있도록 신경 써야 한다. 또한 매 회기 내담자의 일상생활이나 기분을 점검하고 신뢰관계를 형성하여 내담자가 정서적 보살핌과 지지를 받는다고 느낄 수 있게 한다. 아울러 각 회기의 주요 활동 후에 간단한 게임이나 놀이 등을 하면서 즐거운 시간을 보낼 수 있다. 다만 즐거운 시간 때문에 회기의 주요 내용이 회피되는 일이 없도록 먼저 주요 활동을 진행한 후에 즐거운 활동 시간을 가진다.

4) 보호자의 참여

본 프로그램은 아동·청소년 내담자를 위한 프로그램이 운영되는 동안 독립적인 보호자 회기를 진행하도록 구성하였다. 외상과 치료 원리에 대한 이해를 목표로 하는 보호자 모듈 ①과 ②에서 보호자는 치료 과정의 지원자로서 준비하게 된다. 마지막 모듈 ③에서는 보호자 자신이 경험한 외상의 후유증이나 정서적 어려움을 인식하고, 이를 조절하는 기술의 원리를 간략히 배운다. 이때 외상의 영향으로 인한 보호자의 정서적 어려움이 크다고 판단될 경우, 보호자에게 개인 상담을 권유하고 다른 상담자에게 의뢰한다.

상담에 함께 온 보호자들은 아동·청소년이 상담시간에 무엇을 하는지 알기 위해 혹은 가정에서 어떤 도움을 주어야 하는지 의논하기 위해 상담자에게 면담을 요청하곤 한다. 보호자의 협조는 도움이 되므로 아동·청소년들의 회기가 끝난 후에 간략하게 보호자 면담을 할 수 있다. 다만 상담내용의 공개 범위에 대해서는 사전에 내담자의 동의를 구해야 하며, 이를 보호자가 이해할 수 있도록 설명해야 한다. 상담에 보호자가 함께 오지 않는 경우에는 전화 상담을 통해 상담시간에 진행된 내용과 가정에서 도와주어야 할 것들에 대한 정보를 제공할 수 있다. 외상을 경험한 자녀를 둔 보호자들이 염려하고 궁금해하는 질문들과 그 답변을 참고할 수 있도록 '보호자가 흔히 하는 질문들'을 보호자 프로그램의 부록에 실었다.

상담회기의 운영

상담회기는 지난 회기로부터 일주일간의 기분과 생각에 대한 점검, 연습과제의 점검, 지난 회기의 요약, 오늘의 주요 활동, 회기의 마무리, (보호자가 참여한다면) 보호자 면담의 순서로 진행한다.

1) 지난 일주일간의 기분과 생각에 대한 점검

프로그램 초기에는 외상과 관련된 기분과 생각에 대한 탐색으로 시작하지만, 나머지 모든 회기는 지난 일주일간의 기분과 생각을 점검하는 것으로 시작한다. 이러한 점검의 목적은 내담자의 현재 증상과 심리적 어려움의 정도를 파악하고 지난 회기 활동의 영향을 확인하는 것이다. 그리고 이는 내담자가 프로그램의 새로운 활동을 시작할 준비가 되었는지를 검토하는 근거가 된다. 이뿐만 아니라 내담자의 일상과 대처에 대한 상담자의 지속적인 관심과 지원은 내담자와의 치료적 협력관계의 밑바탕이 된다.

지난주 동안의 기분과 생각은 (1) 전반적인 기분, (2) 외상과 관련된 기분이나 생각, (3) 내담자가 사용한 대처 방안의 순서로 점검한다. 기분의 강도를 점검하기 위해 기분 온도계를 활용할 수 있다. [워크시트 01]

2) 연습과제의 점검

지난 일주일간의 기분과 생각을 점검하면서 자연스럽게 정서조절 연습과제에 대해 점검한다. '마음 행복 연습장' 시리즈의 첫 번째 책인 『나는 생각을 바꾸는 문제해결사』(양윤란 등, 2018)에서 '숙제'의 부정적 의미를 감소시키기 위해 사용한 '연습과제'라는 용어를 동일하게 사용하였다. 본 프로그램의 과제는 한 가지로, 일주일간 부정적 감정이 일어났던 시간과 상황을 기록하고 회기 동안 배운 정서조절 방법을 연습하는 것이다. 이 정서조절 연습과제는 정서조절 기술을 일상에서 사용할 수 있도록 연습하는 것과 외상을 직접 다루는 내러티브 노출을 준비하는 것을 목적으로 한다. 정서조절 모듈과 내러티브 노출 모듈에서는 연습 과제를 중요하게 다루어 격려하고, 프로그램의 후기로 가면서는 연습과제의 비중을 줄일 수 있다.

3) 지난 회기의 요약

지난 회기에 활동한 내용을 간략히 요약한다. 내담자에게 먼저 기억나는 것을 말해보도록 요청한 후에 상담자가 보완하여 설명한다. 본 프로그램의 각 요소는 앞서 배우거나 익힌 내용을 기반으로 다음 치료 모듈을 진행하도록 설계되어 있다. 따라서 지난 회기에서 다룬 내용을 내담자들이 어떻게 이해하고 소화했는지를 확인하면서 복습한다.

내러티브 노출 모듈에서 지난 회기의 요약은 지난 시간에 작성한 '나의 외상 이야기'를 내담자가 소리 내어 읽는 것으로 대신한다. 이 과정을 통해 내담자는 외상 기억을 노출하는 동시에, 다시 읽으면서 드는 느낌과 생각으로 이번 회기 동안의 외상 이야기 만들기를 이어나간다.

4) 오늘의 주요 활동

각 회기에는 보통 한 가지 이상의 주요 활동이 포함되어 있다. 오늘 활동의 목적과 원리에 대해 상담자가 설명하고, 워크시트를 이용하여 십대 내담자들이 직접 적용해보는 방식으로 진행한다. 치료 모듈에 따라 활동의 목적을 간략하게 설명하는 대신, 워크시트를 활용한 활동을 한 후에 그 의미를 해석하는 상담자의 설명에 좀 더 비중을 둘 수도 있다.

프로그램 지침서에는 각 활동의 목적과 원리를 설명할 때 사용할 수 있는 대사를 예시로 제시하였으며, 상담자가 참고할만한 자료나 정보를 TIP 박스에 포함하였다. 또한 몇몇 회기에서는 발달 수준에 따라 내담자들의 이해와 흥미를 돕기 위해 변형된 활동 방식을 추가해두었다.

5) 회기의 마무리

각 회기의 마무리는 오늘 진행한 활동 내용에 대해 내담자가 느낀 점을 나누고, 다음 회기까지 가정에서 정서조절을 연습해보도록 격려하는 것으로 이루어진다. 내담자에게 프로그램 과정에서 느낀 감정이나 생각을 표현할 기회를 충분히 제공할 때, 내담자와 상담자의 협력관계가 강화될 수 있다. 또한 외상을 겪은 내담자들은 내러티브 노출 활동 동안에 불편감을 느끼며, 이 치료 모듈이 가지는 의미와 효과에 대해 의문을 가질 수 있다. 그러므로 매 회기의 마무리에서는 오늘 활동의 의미를 다시 요약하고 격려와 지지를 해주는 것이 중요하다. 그리고 가정에서도 정서조절 연습과제를 하도록 격려하며, 상담자와 내담자가 함께 간단히 안정화 기술을 연습하는 것으로 회기를 마무리한다. 이는 상담시간 동안 일어날 수 있었던 불편한 감정을 안정시키고, 연습과제를 기억하는 데 도움이 된다. 프로그램의 초기에는 호흡법을, 안정화 기술을 배운 후에는 내담자가 선호하는 안정화 방법을 사용한다.

....

참고문헌

강민아, 김혜정, 이승재, 정운선, 정성훈 (2008). 성폭력피해아동에 대한 인지행동치료 적용 사례. 인지행동치료, 8(1), 15-28.

구정일, 김태형, 은헌정, 최말례, 이선미, 조수진, 송옥선, 김형욱 (2006). 한국판 임상가용 아동 및 청소년을 위한 외상후 스트레스장애 척도의 신뢰도 및 타당도 연구. 신경정신의학, 45(6), 571-577.

서미순 (2005). 청소년 자살사고에 영향을 미치는 심리사회적 요인들에 관한 연구. 경남대학교 석사학위청구논문.

송수지, 강영신 (2017). 관계상실을 경험한 청소년 대상 TF-CBT 기반 애도 집단상담프로그램 개발 및 효과. 한국심리학회지: 상담 및 심리치료, 29(2), 357-382.

양윤란, 이경희, 고혜정, 이은식, 강지현 (2018). 나는 생각을 바꾸는 문제해결사. 사회평론아카데미.

은헌정, 권태완, 이선미, 김태형, 최말례, 조수진 (2005). 한국판 사건충격척도 수정판의 신뢰도 및 타당도 연구. 신경정신의학, 44(3), 303-310.

조수철, 이영식 (1990). 한국형 소아우울척도의 개발. 신경정신의학, 29(4), 943-956.

최남희, 유정 (2010). 트라우마 내러티브 재구성과 회복효과. 피해자학연구, 18(1), 285-309.

최지영, 신의진, 오경자 (2009). 성폭력 피해 아동에 대한 외상초점 인지행동 치료의 효과 검증: 탐색적 연구. 인지행동치료, 9(1), 57-73.

Aramstrong, J. G., Putnam, F. W., Carlson, E. B., Libero, D. Z., & Smith, S. R. (1997). Development and validation of a measure of adolescent dissociation: The adolescent dissociative experiences scale. *Journal of Nervous and Mental Disease, 185*(8), 491-497.

Cohen, J. A., Mannarino, A. P., & Iyengar, S. (2011). Community treatment of posttraumatic stress disorder for children exposed to intimate partner violence: A randomized controlled trial. *Archives of Pediatrics and Adolescent Medicine, 165*(1), 16-21.

Deblinger, E., Mannarino, A. P., Cohen, J. A., & Steer, R. A. (2006). A follow-up study of a multisite, randomized, controlled trial for children with sexual abuse-related PTSD symptoms. *Journal of the American Academy of Child and Adolescent Psychiatry, 45*(12), 1474-1484.

Dorsey, S., McLaughlin, K. A., Kerns, S. E., Harrison, J. P., Lambert, H. K., Briggs, E. C., Cox, J. R., & Amaya-Jackson, L. (2017). Evidence base update for psychosocial treatments for children and adolescents exposed to traumatic events. *Journal of Clinical Child and Adolescent Psychology, 46*(3), 303-330.

Fazel, M., Stratford, H. J., Rowsell, E., Chan, C., Griffiths, H., & Robjant, K. (2020). Five applications of narrative exposure therapy for children and adolescents presenting with post-traumatic stress disorders. *Frontiers in Psychiatry, 11*.

Kovacs, M. (1981). Rating scales to assess depression in school-aged children. *Acta Paedopsychiatrica: International Journal of Child and Adolescent Psychiatry, 46*(5-6), 305-315.

Morina, N., Koerssen, R., & Pollet, T. V. (2016). Interventions for children and adolescents with posttraumatic stress disorder: A meta-analysis of comparative outcome studies. *Clinical Psychology Review, 47*, 41-54.

Nader, K., Kriegler, J. A., Blake, D. D., Pynoos, R. S., Newman, E., & Weather, F. W. (1996). *Clinician Administered PTSD Scale, Children and Adolescent Version.* National Center for PTSD.

Oh, E. A., Park, E. J., Lee, S. H., & Bae, S. M. (2014). Validation of the Korean version of the children's revised impact of event scale. *Clinical Psychopharmacology and Neuroscience, 12*(2), 149-156.

Reynolds, W. M. (1987). *Suicidal Ideation Questionnaire(SIQ).* Psychological Assessment

Resources.

Robjant, K., & Fazel, M. (2010). The emerging evidence for narrative exposure therapy: A review. *Clinical Psychology Review, 30*(8), 1030-1039.

Shin, J. U., Jeong, S. H., & Chung, U. S. (2009). The Korean version of the adolescent dissociative experience scale: Psychometric properties and the connection to trauma among Korean adolescents. *Psychiatry Investigation, 6*(3), 163-172.

Weiss, D. S., & Marmar, C. R. (1997). The impact of event scale-revised. In J. P. Wilson, & T. M. Keane (Ed.), *Assessing Psychological Trauma and PTSD* (pp. 399-411). Guilford.

아동 · 청소년 프로그램 지침서

외상과 치료 원리 교육
우리 모두 그래

외상과 치료 원리에 대한 심리교육은 외상 치료의 좋은 시작점이다. 아동·청소년은 심리교육을 통해 자신의 상태에 대해 이해하고 안전감을 경험하며 회복에 대한 기대를 가질 수 있다. 현재 경험하고 있는 어려움에 대해 듣고 이를 일반적인 외상 증상들과 연결하여 알려주는 심리교육 활동은 아동·청소년이 자신에 대해 '정상화'할 수 있게 돕는다. 즉, 자신의 신체·정서·행동 반응이 병적인 것이 아니라 정상적인 것이며, 그것이 가진 기능이 있다는 점에 대해 이해하게 해준다. 이는 증상에 대한 두려움이나 '내가 잘못되었다'는 생각과 불안감을 감소시켜줄 수 있다는 점에서 그 자체로 치료적이다.

치료 원리에 대한 교육은 외상 증상이 더 이상 기능적이지 않은 부분이 있다는 데서 출발하며, 회피 대신 노출을 해야 하는 이유를 아동·청소년이 이해하는 것이 목표이다. 이와 함께 치료 과정에 대해 간단히 소개하고 구조화한다. 심리교육에서 무엇보다 중요한 것은 아동·청소년이 향후 자신이 나아질 것이라는 희망과 목표를 가질 수 있게 하는 것이다.

목표

❶   현재 주 호소 문제와 주관적 고통감에 대해 표현하고, 이를 외상과 연결한다.
❷   외상 사건에 대한 반응이 자연스러운 것임을 안다.
❸   안정화 및 노출과 관련된 치료 원리를 이해한다.
❹   치료 목표를 정하고, 회복에 대한 청사진을 그린다.

01 제시된 순서대로 활동들을 진행하되, 유연하게 진행할 수 있다.

첫 회기에는 본 모듈에 제시된 순서대로 진행하는 것을 권장한다. 그러나 본 모듈에서 제안하는 모든 활동을 한 회기에 할 필요는 없다. 아동·청소년에 따라 주 호소 증상을 이야기하는 데 시간이 오래 소요되거나, 주 호소 증상 및 이해도에 따라 선택활동을 진행하게 되는 경우가 있기 때문이다. 따라서 활동 순서는 상황과 증상의 강도, 아동·청소년의 수준에 맞게 유연성을 가지고 진행할 수 있으며, 필요한 경우 외상 증상 및 치료 원리에 대한 교육을 강조하고 반복하도록 한다.

02 본 모듈에서 파악된 아동·청소년의 주 호소 문제와 주관적 고통감은 치료 종결 시 증상 평가의 기준으로 사용된다.

'나는 이런 게 힘들어요' 활동에서 파악한 주 호소 문제와 주관적 고통감을 잘 기록하여 보관해둔다. 이는 치료의 목표를 제시함과 동시에, 객관적인 증상 자료와는 또 다른 치료 진도의 평가 기준이 되어줄 것이다. 이렇게 파악한 주 호소 문제와 주관적 고통감은 치료 중간 및 종결 시점에서 다시 한번 평가해볼 수 있다.

03 치료 원리에 대한 교육은 '안정화'와 '내러티브 노출'의 원리를 주로 다룬다.

각성되거나 해리되어 있는 정서를 안정적인 상태로 조절하고, 이후 내러티브 노출을 통해 외상 경험을 잘 소화시킬 수 있도록 한다는 전체 치료 과정에 대해 설명한다. 외상을 떠올리게 하는 자극이나 생각을 회피하는 것이 불안감이나 두려움을 더 강화할 수 있다는 점을 이해하게 하는 데 초점을 둔다.

04 아동·청소년의 이해를 돕기 위해 만화와 같은 보조도구를 활용할 수 있다.

보조도구를 사용하면 아동·청소년들이 활동에 보다 흥미를 보인다. 본 프로그램에서는 보조도구로서 외상 증상과 관련된 만화를 워크시트에 제시하였다. 만화를 사용하는 방법은 '활동 5'에서 상세히 다루었다. 아동·청소년의 발달 연령과 지적 수준에 적합한 다양한 도구를 사용하되, 긍정적인 결과(예: 외상에서 회복되어 예전처럼 안정적으로 지내는 모습)를 제시하는 것을 잊지 않도록 한다.

05 상담에서 첫 회기에 필요한 기본적인 활동들이 포함되어 있다.

본 모듈이 일반적으로 치료의 첫 회기에 진행되기 때문에 '인사 및 자기소개', '상담 동의서 작성하기' 등 첫 회기에 필요한 활동들을 함께 제시하였다. 상담 동의서의 경우 반드시 첫 회기에 받는다.

- 인사와 자기소개는 아동·청소년과 함께하는 첫 번째 활동이다. 아동·청소년이 치료실에서 충분한 안정감을 느낄 수 있도록 수용적이고 지지적인 태도를 취한다. 아동·청소년이 처음 보는 장소에서 상담자와 만나면 불안하고 예민한 상태일 수 있으므로, 치료실을 충분히 둘러보고 탐색할 시간을 주는 것이 도움이 될 수 있다.

- 아동·청소년의 탐색이 끝난 후, 치료실의 여건이 허락한다면 아동·청소년이 스스로 앉을 자리를 선택하고 상담자와의 거리를 원하는 만큼 조정할 수 있도록 하는 것이 좋다. 외상을 경험한 아동·청소년의 경우 자기 통제 및 경계(boundary)의 확보가 중요한 이슈일 수 있기 때문이다. 특히 성폭력과 같은 대인관계 외상을 입은 경우에는 자신의 공간을 확보하고 거리를 유지하는 것을 더욱 중요하게 느낄 수 있다.

  > "앉고 싶은 곳에 앉을 수 있어요. 이곳에서는 ○○가 편안하고 안전한 기분을 느끼는 것이 중요해요. ○○가 편히 앉을 수 있는 곳으로 정해볼까요?"
  >
  > (아동·청소년이 자리를 정한 후) "저는 어디에 앉는 게 좋을까요?"
  >
  > (아동·청소년이 거리를 잘 정하지 못하는 경우, 아동·청소년에게 비교적 먼 거리부터 시작하여 상담자가 다가간다) "제가 조금씩 가까이 갈 테니, 가장 편안한 거리가 되면 멈추도록 사인을 보내줘요."

- 상담자는 자기소개를 하고, 심리적으로 힘들거나 어려운 아동·청소년을 도와주는 역할을 한다는 메시지를 전달한다. 또한 심리치료에 대해 이해할 수 있도록 한다.

  > "오늘부터 우리는 일주일에 한 번씩 여기에서 만나서, 마음이 나아지게 하

는 여러 가지 방법에 대해 이야기를 나누고, 그 방법들을 사용해보기도 할 거예요. 이렇게 정해진 시간에 만나 이야기를 나누면서 마음이 힘들거나 불편한 점을 나아지도록 하는 것을 상담 혹은 심리치료라고 해요. 여기에 대해 ○○의 생각은 어때요?"

활동 2 │ 외상 이해하기

1) 나는 이런 게 힘들어요

■ 외상에 대한 이해는 흔히 아동·청소년이 내방 사유를 이야기하는 것에서 시작된다. 이때 외상 '사건'에 대해 자세히 이야기할 필요는 없다. 사건에 대해서는 간단한 언급만으로 충분하다. 현재 중요한 것은 외상 증상에 대한 이해와 타당화이다. 외상 사건과 관련된 노출은 정서조절 방법들을 배운 이후에 상세히 진행할 것이므로, 상담자가 성급하게 재촉하지 않아도 된다. 아동·청소년의 주관적 어려움을 확인하고, 아동·청소년이 정서적 불편감을 표현함으로써 공감과 지지를 받는 느낌을 경험하도록 하는 것이 중요하다.

■ 학령기 아동·청소년은 대부분 내방 사유를 이해하지만, 수치심 때문에 회피하거나 부인하는 모습을 보이기도 한다. 자신이 경험한 외상 사건을 표현했을 때 사람들이 보일 반응에 대해 걱정하는 경우도 있다. 이렇듯 아동·청소년이 사건이나 증상을 이야기하기 힘들어할 때는 상담자가 이미 아동·청소년의 경험에 대해 대략적으로 알고 있다는 이야기를 하거나, 비슷한 경험을 한 다른 아동·청소년들의 이야기를 예로 드는 것이 도움이 되기도 한다. 이때 상담자는 침착하고 중립적인 태도로 이야기해야 한다. 그래야 아동·청소년이 상담자를 신뢰하고, 자신이 어떤 사건을 말하더라도 상담자가 처리할 수 있다고 받아들이며, 안정감을 느낄 수 있다.

"이곳에 왜 왔는지, 혹시 부모님이 이야기해주셨나요?"

"○○가 어떤 일로 이곳에 왔는지 이야기해줄 수 있나요?"

"저는 여기에서 마음이 힘들어지는 일을 경험한 친구들을 많이 만나곤 해요. 친구들은 자기에게 어떤 힘들고 짜증 나고 무서운 일이 있었는지 저에게 이야기해주기도 하는데 … (예시 들기)"

TIP

아동·청소년이 호소하는 어려움이 예상과 다를 때는?

아동·청소년에게 힘들었던 일이나 그로 인해 경험하는 정서들이 보호자가 예상하는 것과 다른 경우가 종종 있다. 이는 아동·청소년이 자신의 정서에 대해 인식하지 못했거나, 이를 감당하기 어려워서 부인하거나 회피하고 있기 때문일 수 있다. 혹은 타인을 신뢰하지 못해 속마음을 다 드러내지 못하는 것일 수도 있다. 상담자는 이전 진료기록이나 평가보고서, 보호자와의 상담 등을 분석하여 아동·청소년이 호소하는 어려움이 관찰되거나 평가된 주 호소와 일치하는지, 만약 일치하지 않는다면 그 원인은 무엇인지 등을 파악해둘 필요가 있다. 아동·청소년의 주 호소 문제와 증상의 정도에 따라 융통성 있게 치료 전략을 세운다.

■ 아동·청소년이 불분명한 정서를 어느 정도 명료화해 자각할 수 있도록 돕는다. 때로 아동·청소년들은 감정을 표현하도록 요구받을 때도 "생각하기 싫다"거나 "또 그런 일이 생길 것만 같다"는 등의 '생각'을 표현한다. 이러한 경우에는 그 생각 때문에 어떠한 감정이 들었는지 물어봄으로써 생각과 감정을 구별해보게 한다. 다음은 아동·청소년이 일반적으로 표현하는 주 호소 문제이다.

일반적인 주 호소 문제

자꾸 생각난다	불안하다	짜증 난다	글이 안 읽힌다
귀찮다	화가 난다	밖에 나가기 싫다	밤에 잠이 안 온다
악몽을 꾼다	학교 가기 싫다	집중이 안 된다	머리가 아프다

■ 각 호소 문제에 대한 주관적 불편감의 정도를 체크하도록 한다. 이는 불편감에 대한 상대적 비교를 가능하게 하며, 이후 호전 정도를 주관적으로 평

가하는 척도가 될 수 있다. 주관적 불편감의 정도를 이야기하는 것을 돕기 위해 '기분 온도계'를 사용할 수 있다.[워크시트 01] 이 외에도 불편감이 느껴지는 정도(0~10점)만큼 블록 쌓기, 스티커 북에 스티커 붙이기 등의 도구를 활용할 수 있다.

- 만약 고통감의 정도를 온도계에 나타내기 힘들어하는 경우, 평상시 일어나는 여러 가지 일들이 어느 정도로 힘든지에 대해 순차적으로 생각해보게 한 후 진행할 수도 있다.[워크시트 02]

> "그 일이 있고 난 후 어떤 점이 가장 힘든가요?"
>
> "전혀 고통스럽지 않고 아무렇지 않은 것이 0점, 생각할 수 있는 최악의 고통이 10점이라고 할 때, 이것(아동·청소년이 이야기한 주 호소 문제)은 어느 정도로 힘든가요?"

- 사건 이전부터 있었던 어려움을 확인한다. 그 어려움이 외상 사건 이후 악화되었는지, 외상으로 인해 우선적인 문제에서 비켜났는지 등을 탐색한다. 또한 사건 이후 변화된 주변 환경에 적응하는 문제, 부모를 비롯한 가족들의 반응 변화, 아동·청소년이 자각하지 못하는 외상 후유증 등에 대해서도 파악한다.

> "꼭 그 일 때문이 아니더라도 그 전부터 힘들었던 점은 어떤 게 있나요?"
>
> "요즘 힘들다고 느끼는 또 다른 일이 있나요?"

- 현재의 주 호소 문제와 고통감의 정도를 '무엇이 힘든가요?' 시트에 기록하여 보관해둔다.[워크시트 03] 이는 향후 치료 효과를 평가할 때 다시 한번 사용하게 된다.

2) 우리 모두 그래, 그건 당연해

- 아동·청소년이 현재 자신이 가진 증상의 원인 및 원리를 이해할 수 있도록 설명한다. 중요한 것은 유사한 외상을 겪은 아이들이 적지 않고, '그와 같은 반응이나 증상을 경험하는 것은 이상한 일이 아니다'라는 메시지를 전달하는 것이다.

- PTSD의 주요 증상인 재경험, 과각성, 회피 반응과 그 예시들을 간단히 설명하고, 이것이 충격적인 사건을 겪은 사람들에게 일어나는 자연스러운 반응임을 이야기한다. 설명 시 각 증상에 대한 워크시트를 사용하여,[워크시트 04] 아동·청소년의 주 호소 문제와 PTSD의 주요 증상들 중 일치하는 것이 있는지 연결해보게 한다. 어떤 아동·청소년은 워크시트를 제공하기만 해도 스스로 활동을 해나가기도 한다.

- 어린 아동·청소년의 경우, 증상에 대해 만화나 동화(예: 마거릿 홈스의 『끔찍한 것을 보았어요』)로 설명하는 것이 도움이 될 수 있다. 만화를 사용하는 방법에 대해서는 '활동 5'에 자세히 설명해두었다.

- 아동·청소년의 주 호소 문제가 불쾌감이나 수치심 등일 경우, 외상 당시의 정서나 사고가 '재경험'되는 것일 수 있다. 지금은 외상 상황이 아닌데도 그 당시에 경험했던 감정과 생각이 그대로 반복되는 것이기 때문에 자세한 탐색이 필요하다. 혹은 외상 사건에 대한 인지적 해석이 작동한 결과일 수도 있다. 이에 대해서는 '생각-감정-행동의 연결고리' 모듈에서 보다 자세히 다룰 것이다.

- 외상 증상이 나타나는 원인에 대한 이해를 돕기 위해 비유를 들어 설명할 수 있다.

"우리가 평상시에 음식을 적당히 먹을 때는 잘 소화할 수 있지요. 그렇지만 몸에 안 좋은 음식을 먹거나 음식을 너무 많이 먹으면 어떻게 되나요? 배가 아프거나 더부룩하고 소화가 잘 안 되지요. 음식을 너무 많이 먹거나 안 좋은 음식을 먹었을 때 소화가 안 되는 것처럼, 어떤 괴롭고 충격적인 사건을 경험하면 기억이 자연스럽게 처리되지 못하고 원래의 장면, 소리, 생각, 느낌, 그리고 신체 감각과 함께 뇌 속에 갇혀버릴 수 있어요. 그래서 자꾸 그 장면이 다시 떠오르고… 그때 느꼈던 기분이나 가슴이 두근거리는 듯한 신체 증상이 마치 지금 그 자리에 있는 것처럼 다시 느껴지는 거예요. 그때처럼 불안하고 무섭거나 기분이 나빠지기도 하고… 그러면 그 일을 떠올리지 않기 위해 자꾸 피하게 되고…. 그렇게 피하다 보면 그 사건과 연합된 기분을 바꾸기는 더욱 어렵게 되지요."

3) 우리 머릿속의 사이렌

- 이 활동은 외상 증상과 관련된 신경·생리학적 원리에 대해 설명해주는 활동이다.

    여러 가지 외상 관련 증상
    - 신체: 복통, 호흡 곤란, 심장이 빠르게 뜀, 극도로 피로한 느낌, 통증에 무딘 반응, 접촉에 민감한 반응, 잠이 잘 오지 않거나 쉽게 깨는 모습, 악몽, 야경증
    - 정서: 불안, 죄책감, 긴장, 분노 단서에 민감한 반응, 갑작스럽게 분노가 폭발하거나 짜증이 나는 등 정서조절의 어려움, 무기력, 멍해지고 공상에 잠기는 모습, 주변에 대한 무관심
    - 행동: 보호자에게 의존하는 행동, 반복적인 놀이, 반복적인 질문이나 행동, 위험을 수반하는 행동, 집중하지 못하고 산만한 모습, 끊임없이 안전을 확인하는 모습, 외상을 상기하는 것들에 대한 회피, 자해

- 사고: 안전한 세상이나 타인에 대한 믿음의 상실

■ 외상을 경험할 당시 나타나는 신체적 각성 반응은 자연스러운 현상이며, 이는 우리가 위험 상황에서 살아남을 수 있게 도와준다는 것을 이해하게 한다. 또한 외상 사건 당시에 우리를 도와주었던 그 반응들이 위험한 상황이 아닌 때에도 계속해서 작동하면서 이와 관련된 생각, 감정, 행동들이 나타날 수 있다는 것을 설명한다. 외상 사건 이후 이러한 반응들이 일정 기간 지속되는 것은 정상적인 일이라고 알려주며 타당화한다. [워크시트 05]

> "우리 뇌에는 위험한 상황에서 자동적으로 빠르게 반응할 수 있게 하는, 사이렌 같은 역할을 하는 부위가 있어요. 위험한 상황이라는 단서가 감지되면 이 사이렌이 작동해서 신속하게 도망치거나 싸울 수 있도록 해주지요. 그러면 호흡이 빨라지고, 주변의 자극에 민감해져서 신경이 곤두서는 느낌이 들고, 주먹이 꽉 쥐어지고 근육이 긴장돼요. 때로 도망치거나 싸우는 것조차 힘들 것 같은 상황에서는 동물이 죽은 척을 하듯 멍해지고 숨이 느려지기도 하지요. 이러한 반응들은 모두 위험한 상황에서 우리가 빠르게 대처해서 살아남을 수 있게 도와줍니다."

■ 또한 지나간 사건에 대한 정서적 각성이 지속되거나 각성 반응이 중립적 자극에까지 확산되면, 일상적인 기능에 손상을 가져올 수 있다는 관점에서 불편함과 어려움을 설명한다.

> "그러나 작은 단서에도 계속 사이렌이 울리는 상태가 지속된다면, 긴장해서 다른 곳에 에너지를 쓰기 어렵고 감정을 조절하기도 어려워질 거예요. 아마도 우리는 친구들과 어울리거나 공부를 하는 것처럼 내가 좋아하는 활동, 내게 필요한 활동을 하는 데 방해를 받을 수 있겠지요. 잠을 자거나 음식을 먹는 것 같은 필수적인 활동을 하는 것에도 어려움을 겪을 수 있어요."

- 안정화에서 내러티브 노출로 이어지는 치료 과정을 아동·청소년이 알기 쉬운 용어를 사용해서 설명한다. 앞으로 치료 안에서 하게 될 활동과 그 의미를 아동·청소년이 이해하여, 주도적으로 활동에 참여할 수 있게 한다.

- 노출의 원리에 대해서는 향후 노출 모듈에서 자세히 다루므로, 본 모듈에서는 추후 내러티브 노출을 한다는 것을 이해시키는 정도면 충분하다. 다만 외상을 생각나게 하는 단서들을 계속 피하는 일이 오히려 뇌의 회로로 하여금 외상 사건과 그 단서들의 연합을 유지하게 만든다는 부분을 강조할 필요가 있다.

> "우리가 앞으로 하려는 작업은 소화되지 않은 기억과 그 기억에 묶여있는 불안한 기분이나 생각, 느낌을 소화시키는 거예요. 처음에는 지금 나를 힘들게 하는 신체적이거나 감정적인 반응과 생각들을 조절하고 편안해질 수 있는 방법을 연습해볼 거예요. 그다음에는 소화되지 않은 기억들을 떠올리고 표현해볼 거예요. 그 기억들이 내 안에서 충분히 소화될 수 있을 때까지 꼭꼭 씹어 삼키는 연습을 해보는 거예요. 기억과 관련된 것들을 계속해서 피한다면, 우리 몸과 마음은 사건이 끝났다는 걸 알기 어려워져요. 그렇기 때문에 안전한 상황에서 그것들을 떠올리고 이야기하며 소화시키는 연습을 해보는 것이 중요해요. 우리는 이렇게 이전의 기억을 차근차근 소화해 나갈 거고, 앞으로 내가 더 안전해지기 위한 여러 계획도 함께 세워볼 거예요. 그래서 내 몸과 마음, 기억을 잘 다루는 사람이 되는 거지요. 또 앞으로 일어날 수 있는 다른 일들에 대해서도 잘 해결해낼 수 있다는 자신감을 갖게 될 거예요."

■ 첫 회기에서는 상담 동의서를 작성하며 마무리해야 한다.[워크시트 06] 기본적으로 상담 동의서에는 치료 주기와 시간에 대한 구조화, 치료 작업에 적극적으로 참여할 것을 약속하는 내용이 포함되어 있다. 그 밖에 상담자가 지켜야할 항목으로 비밀 유지와 그 한계에 대한 내용이 추가된다. 대부분의 아동·청소년은 본인이 직접 서명하거나 도장을 찍는 일에 기쁜 마음으로 참여하곤 한다.

1) 자기소개 워크시트

■ 첫 회기에는 간단한 워크시트를 사용하여 자기소개를 할 수 있다. 이때 상담자도 함께 워크시트를 작성하여 자기소개를 하면 상담자와 아동·청소년 간 치료관계를 형성하는 데 도움이 된다.[워크시트 07]

■ 워크시트에 '가장 기뻤던 일'과 '가장 힘들었던 일'에 대해 적어보는 것은 아동·청소년이 자신의 내방 사유와 내·외적 자원에 대해 자연스럽게 이야기하도록 돕는다. 또한 '나에게 마술 지팡이가 있다면'이라는 질문은 목표 설정과 관련하여 도움이 되는 질문이다.

2) 외상 후 증상 만화

■ 외상 경험 및 증상과 관련하여, 5~6컷으로 구성된 짧은 만화를 통해 이야기하는 것이 도움이 될 수 있다(Scheeringa et al., 2010). 특히 본인의 사건이

나 증상에 대해 말하기 어려워하는 아동·청소년의 경우, 만화를 접한 후 증상에 대해 이해하거나 타당화하며 자신의 이야기를 시작하기도 한다.[워크시트 08]

- 아동·청소년이 준비되지 않은 상태에서 재경험을 하지 않도록, 만화에 등장하는 외상은 아동·청소년의 경험과 다른 종류여야 한다.

- 만화의 마무리는 반드시 '회복된' 모습이어야 한다. 그래야 아동·청소년이 자신의 미래상을 만화에 나온 아이의 마지막 모습에 대입할 수 있다. 또한 만화 속 아이가 어떻게 괜찮아졌는지를 물어보는 아동·청소년들이 종종 있는데, 이 경우 치료 원리에 대한 설명으로 자연스럽게 이어지게 한다.

> "우리는 지금부터 간단한 만화를 함께 볼 거예요. 이 만화에는 친구가 한 명 나오는데… 이 친구의 이름을 뭐라고 할까요? (아동·청소년이 이름을 지을 수 있게 하되, 본인과 다른 이름으로 짓게 한다.) 그래요, △△는 어느 날 (만화에 등장하는 외상 언급: 괴롭힘, 개에게 물림, 자동차 사고 등) 일이 있었어요. 그 일 이후 △△는 비슷한 것을 보기만 해도 깜짝 놀라거나 피하게 되고, 밤에 잠도 잘 못 자고 악몽을 꾸기도 했대요. 그런데 이제는 예전처럼 다시 다 괜찮아졌대요. 혹시 ○○도 비슷한 경험을 한 적이 있을까요?"

참고문헌

Holmes, M. M. (2006). 끔찍한 것을 보았어요 (유미숙 역). 미래M&B. (원서출판 2000).

Scheeringa, M. S., Amaya-Jackson, L., & Cohen, J. (2010). Preschool PTSD treatment. [Unpublished manuscript]. Department of Psychiatry and Neurology, Tulane University Health Sciences Center.

정서조절 기술 ① 정서 인지와 표현
내 마음은 지금

외상과 관련된 정서적 반응을 조절하기 위한 첫 단추는 현재 자신이 느끼는 정서가 무엇인지 알고 표현해보는 것이다. 우선 아동·청소년이 자신의 정서를 어느 정도로 분화하여 인지하고 있으며, 정서의 강도를 스스로 측정할 수 있는지 확인할 필요가 있다.

나아가 아동·청소년으로 하여금 자신이 경험하는 정서를 분화하여 인지하고 언어적으로 명명할 수 있게 도와주어야 한다. 이를 통해 아동·청소년은 자기 자신과 정서를 구별하고, 자기감을 발달시키며, 정서에 압도되지 않을 수 있다. 또한 일상에서 경험하는 정서를 탐색하고 표현하면서 긴장감이 해소될 수 있다. 이때 모든 정서에는 의미가 있고 잘못된 정서란 없다는 사실을 알도록 하는 것이 중요하다. 자신의 정서 경험에 대해 인식하고 표현할 수 있다고 여겨지는 아동·청소년의 경우에는, 정서와 신체 감각의 연결에 초점을 두어 이번 모듈을 다룬 뒤 다음 모듈로 넘어가도 좋다.

목표

❶ 다양한 정서에 대해 이해하고, 자신의 정서를 확인한다.

❷ 자신의 정서에 대해 수용적 태도를 갖는다.

❸ 자신의 정서를 알게 하는 내·외적 단서들을 찾아본다.

01 **아동·청소년의 정서 인식 및 변별 수준에 따라 활동을 유연하게 진행한다.**

아동·청소년이 정서를 인지하고 변별하는 능력에는 개인차가 있을 수 있다. 예를 들어 어떤 아동·청소년은 외상 증상이 심각하여 정서에 압도된 나머지 정서 인식과 변별에 어려움을 겪기도 한다. 개별 아동·청소년의 특수성과 각 활동의 주안점에 따라 몇몇 활동을 선택하여 진행한다.

02 **정서 경험을 잘 인식하지 못하는 경우, 신체적 감각과 관련된 접근을 먼저 한다.**

간혹 정서 경험을 회피하거나 차단하고 있는 아동·청소년이 있다. 이러한 아동·청소년은 감정 단어의 의미를 알고 있고 변별할 수 있음에도, 본인의 정서 경험을 떠올리지 못하거나 "잘 모르겠다", "생각이 나지 않는다"라고 말하며 멍한 모습을 보이곤 한다. 해리 증상이 있는 아동·청소년은 본 프로그램에 참여하기 전에 스크리닝하나, 그 정도가 심하지 않다면 정서 경험 자체를 떠올리고 나누기보다는 신체적 감각에 집중해보는 데서 출발하는 것이 나을 수 있다.

03 **긍정적 정서에 대해서도 반드시 다룬다.**

평상시에 경험하는 다양한 정서들은 아동·청소년의 내적 자원이 되기도 한다. 외상을 경험한 사람들은 긍정적 정서보다 부정적 정서를 더 많이, 더 자주 느끼고 떠올리는 경향이 있다. 따라서 부정적 정서뿐 아니라 긍정적 정서에 대해서도 충분히 표현할 수 있도록 이끌어주고 귀 기울이는 것이 중요하다. 긍정적 정서 경험은 이어지는 안정화 모듈에서 안전감과 관련된 자원으로 쓰일 수 있으며, 내러티브 노출 작업이 끝난 후 자원 강화 모듈에서도 자기가치감을 발전시키는 든든한 밑바탕이 된다.

04 **외상을 경험한 당시의 정서에 대해서는 간단하게 다룬다.**

일상적인 정서에 대해 다루는 활동을 먼저 진행하고 외상 당시의 정서를 이야기하되, 이는 가볍게 언급하는 정도로만 다룬다. 아동·청소년이 외상 당시를 떠올리면서 정서적으로 압도될 가능성이 있기 때문이다. 외상 당시의 정서 경험에 대해서는 향후 안정화 기술을 습득한 이후 노출치료를 하면서 더욱 자세히 다룰 것이다. 아동·청소년이 스스로 외상과 관련된 감정을 이야기하는 경우에는 안정화를 돕는 활동을 함께 진행하는 것도 하나의 방법이 될 수 있다.

■ 이 활동은 정서 인지와 표현을 위한 기본 활동으로, 아동·청소년이 감정을 어느 정도로 인식하고 변별할 수 있는지를 알려준다. 여러 가지 표정이 있는 워크시트를 보고, 각각의 표정이 어떤 감정으로 보이는지 말해보게 한다.[워크시트 09] 특정 표정이 나타내는 감정의 이름을 상담자가 먼저 설명하지 말고, 일종의 퀴즈처럼 시작하여 아동·청소년이 직접 말하거나 써보게 하는 것이 좋다. 이렇게 해야 아동·청소년이 다양한 감정 상태를 얼마나 구별할 수 있는지 확인할 수 있다.

TIP

기분이나 감정 등의 용어를 구분해야 할까?

기분, 감정, 정동, 정서와 같은 용어는 학술적으로는 의미가 다른 부분이 있지만, 일상에서는 크게 구별 없이 쓰이고 있다. 아동·청소년에게 이러한 용어를 구별해서 알려주는 것은 큰 치료적 의미가 없으며, 오히려 혼란을 줄 수 있다. 본 회기의 초점은 아동·청소년이 자신의 정서를 적절히 인지하고 표현하는 것, 정서와 사고를 구별하는 것에 있다. 따라서 이 책에서는 기분, 정서, 감정과 관련된 용어를 일상에서와 마찬가지로 구분 없이 혼용하기로 한다.

■ 아동·청소년의 나이에 따라 표현할 수 있는 감정에 차이가 있다. 어린 아동들도 이야기할 수 있는 기본 감정은 기쁨, 슬픔, 화, 불안, 공포 등이고, 보다 나이 든 아동·청소년들은 수치감, 죄책감, 질투, 무력감, 무가치감, 고양감, 자랑스러움 등 좀 더 미묘한 감정을 이야기하기도 한다. 아동·청소년이 표정에 적합한 감정 단어를 이야기하지 못한다면 상담자가 도움을 줄 수 있다.

■ 얼굴 표정과 감정 단어를 연결하여 기분 카드를 만들 때, 아동·청소년이 알고 있는 감정 단어를 우선으로 한다. 그러나 향후 외상을 다루거나 자원을 강화하는 데 있어 중요한 감정임에도 아동·청소년이 빠뜨린 것이 있다면 상담자가 보충해준다. 외상을 경험한 아이들이 감정 표현을 할 수 있도록 기분 카드에 넣을만한 감정의 예시는 다음과 같다.

기분 카드에 포함하면 좋은 감정들

| 걱정된다 | 불안하다 | 화난다 | 죄책감이 든다 | 짜증 난다 |
| 창피하다 | 부끄럽다 | 즐겁다 | 자랑스럽다 | 고맙다 |

■ 아동·청소년이 두 가지 감정을 동시에 느껴본 적이 있는지 파악한다. 우리는 때로 두 가지 감정을 동시에 느끼기도 하고, 그 두 감정이 상반될 수도 있다는 것, 그리고 이는 이상한 일이 아니라는 것을 이해하도록 할 필요가 있다.

> "어떤 때는 좋아하는 마음과 미워하는 마음이 함께 들거나, 화나는 마음과 미안한 마음이 같이 드는 것처럼 서로 다른 두 가지 감정이 동시에 느껴지기도 하지요."

■ 자신이 경험한 감정을 수용할 수 있게 하기 위해서는 상담자가 먼저 맞서거나 교정해주려는 태도를 취하지 않아야 한다. 또한 대개 부정적으로 인식되는 감정도 일정한 기능을 갖고 있음을 이해하는 것이 중요하다.

여러 감정의 기능 예시(Greenberg & Paivio, 1997/2008)
- 분노: 부당한 것에 대항하고 자기주장을 하게 한다. 내 경계를 세우고 지킬 수 있게 한다.
- 불안·두려움: 위험을 알아채고 피할 수 있게 한다.
- 슬픔: 잃어버린 것을 찾거나 위로를 얻게 한다. 잠시 혼자 있으면서 힘을 회복할 시간을 얻게 한다.
- 혐오: 원하지 않는 침입을 막는다.
- 흥미·흥분: 적극적으로 행동하게 하고, 새로운 것을 탐색할 수 있게 한다.

■ 아동·청소년이 모든 감정에는 적응적인 의미가 있고, 그래서 옳은 감정과 옳지 않은 감정이 있는 것이 아니라 단지 대처하기에 좀 더 쉬운 감정과 어려운 감정이 있을 뿐이라는 점을 이해할 수 있게 한다.

"생활에서 일어나는 여러 일들에 대해 우리는 모두 다르게 느낄 수 있고, 그건 당연한 거예요."

"잘못된 감정은 없어요. 어떤 일에 대해 그렇게 느껴야 한다거나 그렇게 느끼지 말아야 한다는 건 없어요. 다만 감정을 느꼈을 때 어떻게 표현하고 해결해야 할지 알기 쉬운 경우와 그렇지 않은 경우는 있을 수 있지요."

"내가 힘들거나 혹은 더 편안하다고 해서 그 감정이 나쁜 것은 아니에요. 모든 감정은 나를 위해서 생겨난 거고 의미가 있어요."

활동 2(선택) │ 내 기분 컬러링

■ 아동·청소년이 감정을 보다 상징적으로 나타내고, 그와 관련된 상황에 대해 언어적으로 표현해보는 활동이다.

■ 아동·청소년이 평상시에 느끼는 여러 감정들의 목록을 만들고, 각 감정과 색깔을 짝지어본다. 이후 마치 원그래프처럼, 자신이 각각의 감정을 느끼는 비중에 따라 크기를 다르게 하여 하트 도안 안에 색칠해보게 한다.[워크시트 10]

■ 아동·청소년이 완성한 도안을 보며 감정들에 대해 이야기를 나눈다. 어떤 상황에서 그 감정을 느꼈는지, 당시에 어떤 생각이 들었고 어떻게 행동하게 되었는지에 대해 듣고 이해한다. 자신의 감정을 언어적으로 표현하려는 아동·청소년의 노력을 경청하고 칭찬하며 격려한다.

■ 아동·청소년이 평상시에 느끼는 여러 감정들의 목록을 만들고, 최근에 느낀 감정을 좌표평면 위에 그래프로 나타내보게 한다.[워크시트 11] 세로축은 각성의 수준을 나타내며, 가로축은 긍정/부정의 정도를 나타낸다. 이 활동은 감정의 다양한 스펙트럼을 눈으로 확인할 수 있게 해준다.

⌢⁺ **TIP** _____

아동·청소년이 '각성'이라는 단어를 어려워한다면?
본 프로그램의 대상인 십대 아동·청소년의 경우, 대체로 워크시트에 표현되어 있는 일러스트를 통해 활동 방법을 쉽게 이해한다. 그러나 '각성'이라는 단어 자체를 어려워한다면, '우리의 뇌와 마음이 깨어있는 정도'라는 말로 풀어 설명해줄 수 있다. 각성이 가장 낮은 상태는 '잠을 자는 상태'이며, 각성이 높은 상태는 '흥분한 상태'라고 예를 들어주는 것도 좋다.

■ 어떤 경우에는 긍정적인 방향임에도 불구하고 각성 수준이 너무 높아 편안하지 않게 느껴질 수도 있다. 긍정적인 감정이든 부정적인 감정이든 적절한 각성 수준에 머무르는 것이 중요하다는 점을 설명해준다.

활동 4 │ **내 감정이 느껴지는 곳**

■ 신체적인 감각과 감정을 통합하여 인식하기 위한 활동으로, 정서 경험을 이야기하기 어려워하는 아동·청소년에게 도움이 된다. 내 감정을 아는 것의 중요성을 알려주고, 그것을 어떻게 알 수 있을지에 대해 함께 이야기해본다. 표정, 행동, 목소리 크기 등의 단서들과 더불어 자신의 감정을 알아챌 수 있는 단서들 중 하나로 신체적 상태를 제시한다.

"내가 느끼고 있는 감정이 무슨 감정인지 모른다면, 그 감정은 다른 사람이나 나 자신에게 상처를 주는 방식으로 표현될 가능성이 높아요. 내 감정이 어떤 것이고 또 얼마만큼 느끼고 있는지를 스스로 알면, 감정을 조절하고 표현하기도 더 쉬워지지요. 내가 어떤 감정을 느끼고 있는지는 어떻게 알 수 있을까요?"

■ 어린 아동·청소년의 경우, 신체와 감정을 잘 연결하지 못할 수 있으므로 고양이의 예시를 들어 알려주는 것이 도움이 된다.[워크시트 12]

"고양이를 본 적 있나요? 고양이의 말을 알아듣거나 표정을 알아보기는 어렵지만, 고양이의 몸을 자세히 관찰하면 고양이의 기분이 어떤지 알 수 있어요. 고양이의 입이 다물어져 있고 근육 상태가 느슨하고 부드러울 때는 기분이 좋은 거예요. 꼬리가 안쪽으로 말려 있으면서 몸이 뻣뻣하게 경직된 채로 웅크리고 있다면 뭔가 겁을 먹고 무서워하는 상태예요. 귀가 배트맨처럼 뒤로 젖혀져 있고 털이 곤두서서 몸이 더 부풀어 보인다면 화가 나서 공격을 하고 싶은 거고요. 초조하거나 신경질이 날 때는 꼬리를 좌우 혹은 위아래로 흔들거나 바닥을 탁탁 치곤 하지요."

"고양이의 몸이 그렇듯, 우리의 몸도 우리의 감정이 어떤 상태인지 알려주곤 한답니다."

■ 신체 실루엣이 그려져 있는 워크시트를 주고, 아동·청소년이 정서를 느끼는 신체 부위에 색칠할 수 있게 한다.[워크시트 13] 어린 아동·청소년의 경우 커다란 종이에 아동·청소년의 신체를 따라 그린 후 이 작업을 하면 보다 흥미를 끌 수 있다. 그러나 나이 든 아동·청소년들은 이러한 접촉을 불편하게 여길 수 있고, 성폭력과 같은 신체적 접촉이나 경계와 관련된 외상이 있는 아동·청소년에게는 신체를 따라 그리는 것 자체가 촉발요인이 될 수 있으므로 주의한다.

■ 작업이 끝난 후 자신의 감정과 신체를 연결하여 이야기해보게 한다. 예를

들어 "불안해질 때 손에 땀이 나고 배가 조인다", "화가 날 때 얼굴이 뜨거워진다" 등으로 표현할 수 있다. 이때 신체 감각의 세부 사항들, 즉 체온이 변화하거나, 근육이 이완 혹은 긴장되거나, 감각이 없어지는 것들에 대해 이야기하는 것도 도움이 된다.

> "걱정이 되면 배가 꾸르륵거리는 경우가 있지요. 화가 나면 주먹을 꽉 쥐게 되고 얼굴에 열이 오르기도 하고요."

> "너무 심하게 겁이 나거나 화가 나서 내가 감당할 수 없다는 기분이 들 때는 온몸에 힘이 없어지고 잠이 오기도 합니다."

■ 때로 신체 감각을 표현하는 말들의 예시를 들어주는 것이 도움이 될 수 있다. 신체 상태와 관련된 긍정적/부정적 감각 표현의 예시는 다음과 같다.

좋은 감각

간질간질	찌릿찌릿	찡긋찡긋(코)
깡충깡충	들썩들썩	따뜻한
시원한	입꼬리가 올라가는	목이 쫙 펴지는
부드러워지는	눈이 환해지는	머리가 맑아지는
가벼워지는	근육이 풀리는	장이 풀리는
숨이 크게 쉬어지는	힘이 퍼져나가는	

안 좋은 감각

목이 갑갑한	머리가 조이는	시야가 뿌옇게 되는
미간이 찌푸려지는	어깨가 긴장되는	팔다리가 뻣뻣해지는
얼굴이 달아오르는	눈이 아픈	다리가 저리는
어지러운	심장이 느리게 뛰는	가슴이 차가운
바늘로 머리를 찌르는	몸이 떨리는	가슴이 아린
손, 팔이 무거운	숨이 안 쉬어지는	속이 울렁거리는

- 작업을 마치며 상담자가 관찰한 아동·청소년의 현재 신체 상태와 기분을 말로 설명해줄 수 있다.

활동 5 | 그때 내 기분은…

- 함께 만들었던 기분 카드[워크시트 09]에서 외상 사건 당시에 느꼈던 기분을 고르도록 하는 활동이다. 현재 시점에서 그 사건에 대한 이미지나 기억을 떠올렸을 때 느껴지는 기분과 강도를 확인한다. 만약 아동·청소년이 고통 감을 10점 리커트 척도에서 6점 이상으로 보고하며 괴로워한다면, 다음 모 듈에서 제시할 안정화 기술 중 하나를 사용하여 고통감을 다소라도 줄인 뒤 이후 절차를 진행하는 것이 좋다.

- 사건 당시의 기분과, 사건을 떠올리는 현재의 기분 간 공통점 및 차이점을 파악한다. 많은 아동·청소년들은 사건 당시에 경험한 '무서움'과 '불안' 등 의 정서적 반응이 현재 그것과 관련된 단서와 이미지만으로도 재현됨을 알 게 된다.

....

참고문헌

Greenberg, L. S., & Paivio, S. C. (2008). 심리치료에서 정서를 어떻게 다룰 것인가 (이홍표 역). 학 지사. (원서출판 1997).

정서조절 기술 ② 안정화 기술
몸도 마음도 휴

정서조절을 위한 두 번째 모듈은 안정화 기술이다. 아동·청소년은 외상 이후 작은 단서에도 신체 및 정서가 과도하게 각성되거나, 지나친 각성상태를 견디다 못해 '셧다운'된 듯 아무것도 느껴지지 않고 멍하거나 졸린듯한 감각만 남을 수 있다. 어느 경우든 일상생활의 수행이나 대인관계를 방해하여 적응을 어렵게 한다.

이번 모듈에서 중요한 것은 아동·청소년이 자신의 각성상태를 스스로 다룰 수 있는 범주 내로 이동시키는 방법을 알고, 조절력과 통제감을 획득하는 것이다. 안정화 기술은 고통감에 거리를 두고 자신의 정서를 조절할 수 있게 함으로써 아동·청소년에게 통제감을 부여한다. 또한 향후 내러티브 노출 모듈에서 아동·청소년이 고통스러운 기억을 다루는 것을 도울 수 있다.

목표

❶ 신체적 각성을 유발하는 정서를 스스로 탐지하고 인식한다.

❷ 신체적 각성을 조절하는 안정화 기술이 일상생활의 적응을 향상시킨다는 것을 이해한다.

❸ 여러 안정화 기술 중에서 자신에게 가장 편안한 방법을 찾는다.

진행 원리

01 **아동·청소년이 감당하기 어려워하는 정서를 찾는다.**

아동·청소년이 감당하기 어려워하는 정서 혹은 주 호소 문제와 관련 있는 정서에 주목하여 접근한다. 이러한 정서는 외상과 관련된 고통감 혹은 외상 후 신체 및 정서조절의 곤란에서 비롯되었을 가능성이 높다. 아동·청소년의 고통감은 흔히 분노나 짜증을 표출하는 행동으로 나타나곤 한다. 이 경우, 분노와 관련된 접근을 우선하는 것이 용이할 수 있다.

02 **안정화 기술 중 두세 가지를 알려주고, 아동·청소년이 가장 편안해하는 방법을 찾는다.**

신체 및 정서의 각성을 안정시키는 기술은 이미 효과가 증명된 것들이 다양하게 존재한다. 어떤 안정화 기술이든 도움이 될 수 있지만, 많은 기술을 알려준다고 해서 반드시 더 효과적인 것은 아니다. 그보다는 몇 가지 기술 중 아동·청소년에게 가장 도움이 되는 방법을 찾을 필요가 있다. 본 프로그램에서는 상담자가 간편하게 소개할 수 있고, 아동·청소년 역시 쉽게 이해하고 사용할 수 있는 방법에 주안을 두어 세 가지 기술을 선별하였다. 이 모듈 전체를 한 회기에 진행해도 좋으나, 내담자의 각성 수준이 높은 경우 연습을 반복하기 위하여 두 회기에 걸쳐 진행하는 것도 가능하다. 그 외에 상담자가 알고 있는 다양한 신체적 각성 조절 방법들을 대신 사용할 수 있다.

03 **안정화 기술은 외상과 관련된 불편감을 회피하려는 것이 아니라 조절하려는 것임을 기억한다.**

안정화 기술은 불편한 감정 및 각성의 완화에 초점을 맞추기 때문에, 외상을 직접적으로 직면하면서 불편한 감정에 둔감해져 가는 노출의 원리와 배치되는 것처럼 보이기도 한다. 장기적으로는 외상과 관련된 단서들을 회피하기보다 이를 직접 다루면서 '역조건화'하는 것이 필요하다는 대전제를 기억하되, 현재 아동·청소년이 일상생활에서 당장의 불편한 감정을 다루고 통제감을 얻는 것 역시 중요하다는 점을 염두에 두어야 한다. 정서적 고통이 심한 상태에서 이를 스스로 다루거나 조절하는 방법을 알지 못하면 회피하는 행동이 오히려 강화될 수 있다.

■ 지난 회기 때 만들었던 기분 카드[워크시트 09]를 펼쳐놓고, 혹시 아동·청소년이 느꼈던 감정 중에 감당하기 어렵고 압도되는 감정이 있는지 물어본다. 만약 질문에 대답하기 어려워한다면, 많은 사람들이 불안, 분노, 두려움, 수치심과 같은 감정에 대해 이야기한다고 말해줄 수 있다.

> "혹시 여기에 있는 감정들 중에 감당하기 어렵고 어떻게 해야 할지 모르는 기분이 들게 하는 감정이 있나요?"
>
> "어떤 감정은 너무 크고 강렬하게 느껴져서 그 감정을 느끼는 것 자체가 두려울 수도 있어요. 많은 사람들이 분노, 불안, 두려움 같은 감정에 압도될 때가 있지요."

■ 화산 그림을 보여주면서, 감정을 조절하기 어려울 때 어떤 일이 일어났는지 이야기해보게 한다.[워크시트 14] 아동·청소년의 이야기를 들어보고, 감정을 조절할 수 있는 방법을 소개한다.

> "우리는 감당하기 어려운 감정을 꾹 눌러놓곤 하는데, 그렇게 눌러둔 감정은 갑자기 폭발하기도 해요. 그건 마치 이 화산에서 용암이 끓다가 폭발하는 것과 같아요. 화산이 폭발하듯, 내가 조절하지 못한 감정들이 폭발했던 때가 있나요?"
>
> "화산처럼 감정이 폭발하기 전에 감정을 조절하는 방법을 알 수 있다면, 우리는 감정 자체에 대해 덜 두려워할 수 있어요. 또 과격한 행동을 하거나 눈물만 흘리고 말을 하지 못하는 대신(아동·청소년이 한 부적절한 대처 행동의 예를 그대로 들어주는 것이 좋다), 보다 편안하게 내 감정을 표현할 수도 있지요."

■ 여러 안정화 기술 중 어떤 방법을 알려주는 것이 좋을지 결정하기 어려울 때는, 지난 모듈의 활동이었던 '내 감정이 느껴지는 곳'[워크시트 13]에서 힌트를 얻을 수 있다. 아동·청소년이 신체의 어느 부분에서 두려움, 분노, 불안과 같은 감당하기 어려운 감정이 느껴진다고 했는지 살펴본다. 아동·청소년이 감지하는 신체적 상태 및 변화를 잘 다룰 수 있는 기술을 사용하는 것이 도움이 된다.

> 신체적 변화와 안정화 기술의 연결
>
> • 숨이 가빠져요. → 심호흡
>
> • 팔이랑 다리가 긴장되고 딱딱해져요. → 팔·다리와 관련된 이완
>
> • 머리가 멍하고 답답해져요. → 심호흡, 안전지대 심상 훈련
>
> • 역겹고 토할 것 같아요. → 심호흡, 풍선을 사용한 심호흡
>
> • 계속 생각이 맴돌고 머리가 아파요. → 안전지대 심상 훈련

■ 우리 몸이 위험을 자각하면 어떻게 변화하는지, 또 안전하고 편안할 때는 어떻게 변화하는지에 대해 이야기를 나눈다. 이후 심호흡, 긴장-이완 훈련 등의 정서조절 방법에 대해 설명한다.

> "지난 시간에 우리의 감정과 우리의 몸이 관련 있다는 것을 함께 이야기했지요. 압도되는 감정을 느꼈을 때 우리 몸이 어떻게 되었나요? 또 편안한 감정을 느꼈을 때는 우리 몸이 어떻게 되었나요? 우리의 감정이 몸의 상태를 변화시키는 것처럼, 우리의 몸을 조절함으로써 감정을 조절할 수도 있답니다."

1] 심호흡

- 심호흡은 가장 널리 알려진 안정화 기술 중 하나이다. 심호흡은 시간이나 장소의 제약 없이 쉽게 연습하고 사용할 수 있다는 장점이 있다. 활력과 각성을 위해서는 들숨에, 이완과 평정을 위해서는 날숨에 주의를 집중하는 것이 도움이 된다.

- 들숨에 집중하여 다섯 번, 날숨에 집중하여 다섯 번 숨을 쉬게 한다. 그런 다음 각각의 경우에 신체 상태가 어떻게 변화했는지 살펴본다. 날숨에 집중하는 방법은 감정이 화산처럼 폭발할 것 같을 때 도움이 된다는 점을 안내한 후, 날숨에 집중하여 천천히 심호흡하는 연습을 해본다. 연습이 끝나면, 천천히 호흡할 때 자신의 신체 감각이나 감정에 어떠한 변화가 느껴졌는지 이야기를 나누어본다.

> "날숨에 집중하는 호흡법은 우리 스스로를 진정시키고 혼란스럽거나 긴장된 감정을 조절하는 데 도움이 됩니다."
>
> "등을 곧게 펴고 몸을 편안하게 하세요. 이제 한 손은 배, 한 손은 가슴에 얹고 자연스럽게 숨을 들이쉬고, 내쉬어볼까요?" (상담자가 직접 시범을 보여 아동·청소년이 따라 할 수 있도록 한다. 또한 들이쉬고 내쉬는 것을 반복하며 아동·청소년의 호흡 리듬을 관찰한다.)
>
> "이제는 제가 둘을 셀 때까지 숨을 들이마시고 잠시 멈췄다가, 넷을 셀 때까지 숨을 내쉬어볼게요. 하나- 둘- 멈췄다가, 하나- 둘- 셋- 넷- 이런 식으로요. 숨을 멈추었을 때의 긴장감을 느꼈다가 긴장감을 모두 내보낸다는 느낌으로 숨을 내쉬어주세요. 하나- 둘- 멈췄다가, 하나- 둘- 셋- 넷-." (아동·청소년의 호흡에 맞추어 수를 세는 페이스를 조절한다. 다섯 번 정도 반복하며, 반복할 때는 배가 천천히 부푸는 것을 느껴보도록 권할 수도 있다.)

> "이제 다시 자연스럽게 호흡해볼까요? 자연스럽게 숨을 쉴 때와 날숨에 집
> 중해서 천천히 호흡할 때 어떤 점이 다른가요?"

■ 아동·청소년과 상담자 중 누가 숨을 더 길게 내쉬는지를 게임 형식으로 하면 아동·청소년의 흥미를 유발할 수 있다. 아동·청소년의 나이가 어릴수록, 티슈나 종이를 길게 오린 뒤 이것을 입으로 불어 일정한 높이로 유지하게 하거나, 비눗방울이나 풍선을 불어보게 하는 등 실제 도구를 사용한 연습이 도움이 된다. 보다 나이 든 아동·청소년의 경우에도 비눗방울이나 민들레 홀씨를 부는 상상을 하며 심호흡하는 것을 편안해하는 경우가 있다.

■ 구역감이나 고통스러운 생각 및 감정이 계속해서 올라오는 경우, 풍선을 이용해 심호흡을 하면서 고통스럽게 하는 것들을 풍선 안에 넣고 묶게 하는 방식으로 응용할 수 있다. 이때 힘든 감각들이 몸 밖으로 빠져나가는 데 주의를 기울일 수 있도록 상담자가 이야기해주는 것이 도움이 되기도 한다.

2) 긴장-이완 훈련

■ 긴장-이완 훈련은 긴장되거나 이완된 몸의 상태를 잘 알아차리고, 스스로 이완할 수 있도록 도와주는 훈련이다.

☺ TIP

긴장-이완 훈련을 편안하게 하려면 어떤 자세가 좋을까?
긴장-이완 훈련은 의자에 편안하게 앉은 상태로 하는 것을 가장 추천한다. 상담실에 편안한 의자가 없다면 누워서 진행할 수도 있으나, 성폭력 외상 경험이 있는 아동·청소년은 누운 자세에서 두려움이나 불편감을 느낄 수 있다는 점을 염두에 둔다.

■ 일반적으로 성인의 경우 몸을 전체적으로 스캔하듯이 훑으며 큰 근육부터 작은 근육들까지 차례로 긴장-이완 훈련을 반복하며 연습한다. 그러나 아

동·청소년의 경우 자신이 좀 더 긴장된다고 표현한 특정 신체 부위를 위주로 비유를 들어 연습한다면 보다 흥미로운 시간이 될 것이다.

"이제부터 우리는 우리 몸이 편안한 상태와 긴장된 상태가 어떻게 다른지 느껴볼 거예요. 그리고 나서 우리가 우리 몸을 스스로 편안하게 해주는 방법을 연습해볼 거예요."

"스파게티 면을 한번 떠올려보세요. 처음 봉지에서 꺼냈을 때는 스파게티 면이 어떻게 생겼지요? 길고 딱딱하게 굳어있지요. 그러다가 물에 넣고 충분히 끓이면 흐물흐물하게 풀어지지요. 우리는 이제 봉지에서 막 꺼낸 스파게티 면이 되어볼 거예요. 온몸을 딱딱하게 만들어보세요. 자, 얼굴, 목, 어깨, 팔, 배, 다리, 발, 모두 딱딱해졌나요? 이제 우리는 물에 들어갑니다. 보글보글 물이 끓는 소리에 따라 풀어질 거예요. 충분히, 온몸이 더 이상 풀어지기 어려울 정도로 흐물흐물하게 풀어진 스파게티 면이 되어봅시다."(Snel, 2013)

- 긴장-이완 훈련을 할 때, 편안한 말 혹은 길게 내뱉는 호흡을 이완된 상태와 연합시킨다면 평상시에 더욱 쉽게 활용할 수 있다. 또한 비유를 들어 연습한 내용을 스마트폰으로 녹음해 가정에서 연습할 때 사용하도록 해도 좋다.

- 팔이나 다리처럼 곧고 긴 부위의 부분적인 긴장 및 이완을 할 때에도 스파게티 면의 비유를 사용할 수 있다. 그 외에 아동·청소년이 특별히 긴장을 느끼는 신체 일부의 긴장-이완 훈련을 위하여 여러 가지 비유가 가능하다. 다음은 그 예시이다.

• 손: 오렌지즙 짜기
"양손에 오렌지를 쥐었다고 생각해보세요. 자, 이제 오렌지를 꽉 쥐어서 오렌지즙을 짜봅니다. 할 수 있는 만큼 최대한 힘을 주어 오렌지즙을 짜보는 거예요. 하나, 둘, 셋. 다 짜냈으면 크게 숨을 쉬며 오렌지를 내려놓습니다.

손과 팔에 힘이 빠지고 편안해지는 느낌을 느껴보세요."

- 목·어깨: 거북이가 되어 얼굴을 등껍질 안에 숨겼다가 나오기(신민섭, 이서정, 2011)

"우리가 지금 거북이가 되었다고 상상해봅시다. 호숫가에서 편안하게 쉬고 있는데, 뭔가 커다란 것이 다가오네요. 목을 등껍질 안에 숨겨주세요. 하나, 둘, 셋. 이제 커다란 것이 지나갔어요. 천천히 등껍질 안에서 목과 얼굴을 빼고 호숫가에서 편안히 햇볕을 쬡시다."

- 얼굴: 아주 질긴 풍선껌을 씹어서 풍선 불기

"아주 질긴 풍선껌을 씹는다고 생각해볼까요? 왼쪽으로 씹고(하나, 둘), 오른쪽으로 씹고(하나, 둘), 앞쪽에서도 씹었다가(하나, 둘) 볼을 크게 부풀려 풍선을 불어봅시다. 할 수 있는 한 많이 바람을 넣어주세요. 이제 껌을 툭 뱉고 얼굴이 편안해지는 걸 느껴보세요."

- 배: 배를 바위처럼 딱딱하게 만들기

"이제 우리는 차력을 하는 사람처럼 배에 아주 무거운 물건을 얹을 거예요. 배를 바위처럼 딱딱하게 만들어서 무거운 물건을 견뎌봅시다. 하나, 둘, 셋. 이제 물건을 치웠어요. 편안하게 숨을 쉬어봅니다."

3] 안전지대 심상 훈련

■ 안전지대 심상 훈련은 공포, 불안, 긴장에 따른 여러 증상들에 효과적이다. 특히 악몽을 꾸거나 무서운 생각이 떠올라 잠들기 어렵다고 호소하는 아동·청소년의 경우, 잠들기 전에 안전지대 심상 훈련을 활용하면 도움이 된다.

■ 아동·청소년이 안전하고 편안하게 느끼는 장소를 떠올리도록 한다. 이때 실제로 가본 곳을 떠올리게 하는 것이 신체 감각적인 면에서 보다 구체적이므로 적합하다.

"가장 안전하고 편안하게 느꼈던 장소를 떠올려보세요. 어떤 친구들은 숲속이나 바닷가 같은 풍경을 떠올리기도 하고, 자신의 방을 떠올리기도 합니다. 어떤 곳이든 좋습니다. 다만 편안하고 안전하다고 느낄 수 있는 곳이어야 합니다."

⌨️ TIP

아동·청소년이 가상의 장소나 유쾌한 장소를 떠올린다면?

아동·청소년 중에서는 본인이 좋아하는 애니메이션이나 영화 속 세상과 같은 상상 속 세계를 떠올리려 하는 경우가 있다. 가급적 실제로 경험한 곳을 떠올릴 수 있도록 다시 한번 안내하지만, 아동·청소년이 마음을 굽히지 않는다면 이에 대해 지나치게 논쟁할 필요는 없다. 한편 어떤 아동·청소년들은 '안정되고 마음이 편안해지는 곳'을 떠올리기보다는 '즐겁고 유쾌한 경험을 했던 곳'을 떠올리기도 한다. 이에 대해서는 지나친 흥분 상태가 될만한 곳이 아니라면 굳이 자제시키지 않아도 된다. 중요한 것은 아동·청소년이 편안하거나 즐거운 마음 상태로 자신의 안전지대를 가능한 한 생생하게 떠올리는 것이기 때문이다.

■ 떠올린 장소를 그림으로 그려보거나, 잡지 등을 활용하여 콜라주를 해보는 활동은 아동·청소년이 자신의 안전지대를 구체화하는 데 도움이 된다.[워크시트 15] 이는 상담자에게도 아동·청소년의 안전지대에 혹시 모를 위험 요소가 있지는 않은지 점검할 수 있는 기회가 될 것이다.

"나만의 안전지대를 그림으로 그려봅시다. 잘 그릴 필요는 없어요. 안전지대에서 보이는 것들, 소리나 냄새, 느껴지는 감정들을 충분히 떠올려봅니다. 그림으로 그리기가 어렵다면 여기에 있는 잡지에서 관련된 이미지들을 찾아 붙여보아도 좋고, 글로 상세하게 써보는 것도 좋아요. 우리가 자세하게 떠올릴수록 나중에 더 쉽게 안전지대로 찾아갈 수 있어요."

■ 상담자는 아동·청소년이 안전지대를 더욱 생생하게 떠올릴 수 있도록 구체적인 질문을 할 수 있다. 예를 들어 안전지대에서 느껴질 만한 냄새, 촉감, 맛, 소리 등 다양한 감각을 떠올려보게 한다.

"이곳에서 어떤 것들이 보이나요? 어떤 소리가 들리나요? 느껴지는 감촉이나 온도는 어떤가요? 혼자 있나요, 혹은 누군가와 함께 있나요? 편안한 느낌이 몸의 어디에서 느껴지나요?"

■ 아동·청소년과 함께 안전지대의 심상을 충분히 구체화했다면 안전지대에 이름을 붙여보게 한다. 아동·청소년으로 하여금 자신이 붙인 안전지대의 이름을 이야기한 후, 눈을 감고 그곳을 떠올리도록 안내한다. 이때 상담자는 앞서 아동·청소년이 했던 대답들을 사용하여 심상 강화에 도움을 줄 수 있다. 안전지대에 붙인 이름과 그 심상이 잘 연합될수록, 아동·청소년은 안전지대의 이름을 마치 자신의 안전한 장소로 가는 버튼이나 마법의 주문처럼 사용할 수 있다.

"자, 나의 안전한 장소에 이름을 붙여볼까요?"

"눈을 감고, 안전한 장소에 충분히 머물면서 편안함을 느껴봅니다. 이제부터 내가 필요할 땐 언제라도 여기에 머무를 수 있어요."

■ 어떤 아동·청소년들은 눈을 감고 심상을 떠올리는 과정에서, 불안이나 공포 등의 부정적인 정서를 느끼는 상황으로 심상을 전개해갈 수도 있다. 숲을 떠올렸는데 괴물이 튀어나올 것 같다든가, 함께 있던 대상이 사라지는 등의 방향으로 심상을 전개하는 것이 그런 경우이다. 이럴 때는 안전한 장소를 지켜줄 수 있는 경찰, 선생님, 부모님, 수호천사 또는 종교적 존재 등을 함께 떠올려보게 한다. 또는 보호막이나 울타리 등을 설치하게 할 수도 있다. 아동·청소년에게 이곳은 마음속 세계이므로 자기 마음대로 조절할 수 있다는 것을 알려주고, 최대한 안전하고 편안하게 느낄 수 있도록 바꿔보게 한다. 그러나 불편한 느낌이 계속된다면 아동·청소년이 다른 장소를 떠올리게 하는 편이 나을 수 있다.

■ 어떤 아동·청소년에게는 이 방법이 덜 적합할 수 있다. 안전함에 대한 감각이나 편안하고 안정된 경험이 지나치게 적은 아동·청소년의 경우, 심상을 떠올리기 어려워할 뿐 아니라 심상 자체에 안전과 거리가 멀어 보이는 것들

을 포함시키곤 한다(예: 유령이나 귀신). 이럴 경우 다른 방법을 사용하는 것이 더 효과적이다.

활동 3 │ 안정화 기술의 효과 확인

■ 이번 회기에 배웠던 안정화 기술 가운데 가장 마음에 드는 것을 아동·청소년이 선택할 수 있도록 한다. 일상에서 있었던 사건들 중 1~2점 수준의 가벼운 고통감을 경험했던 에피소드를 떠올린 다음, 정서조절 방법 중 하나를 사용한 후에 고통감이 어떻게 달라지는지 이야기해보게 한다.[워크시트 16]

활동 4 │ 노출의 필요성 재교육

■ 아동·청소년은 안정화 기술을 통해 외상 당시의 정서와 현재의 정서 간 유사점 및 차이점을 더 잘 알아챌 수 있다. 또한 안정화 기술을 숙달함에 따라 노출에 대한 자신감 역시 획득할 수 있을 것이다.

■ 안정화 기술의 습득이 치료의 끝이 아니라 과정이라는 점에서, 노출치료의 필요성을 잊지 않도록 이를 다시 한번 강조한다. 안정화 기술로 정서를 조절하는 방법을 배웠으니, 이제 외상 사건이 '이미 지나간 일'이라는 것을 알고 더는 무서워하거나 압도당하지 않도록 노출치료를 해나갈 것이라고 알린다. 이때 노출을 통해 우리의 몸과 마음이 '그 사건은 이미 지나간 일이고 지금은 그 상황에 있지 않다'는 것을 알게 해야 한다는 점에 초점을 둔다.

"우리는 오늘 감당하기 어렵거나 나를 불편하게 만드는 감정들을 조절하는 방법을 배웠어요. 이것들은 일상생활을 하는 데 도움이 될 수 있지요.

그렇지만 이 방법만으로는 이미 지나간 일에 대해 계속해서 깜짝 놀라거나 무서운 생각이 들고 긴장하게 되는 것 자체를 막기는 어려워요. 더 이상 무서워하거나 압도되지 않기 위해서는 또 다른 연습이 필요하답니다."

"그러려면 우리의 몸과 마음이 '그 사건은 이미 지나간 일이고 지금은 그 상황에 있지 않다'는 것을 알 수 있게 해야겠지요. 그런데 사건과 관련된 단서들을 계속해서 피한다면, 우리의 몸과 마음은 그 사건이 끝났다는 것을 알기 어려워집니다. 뇌에 있는 사이렌은 사건이 끝난 것을 모르는 채로, 계속해서 관련된 단서만 보면 작동하는 방식으로 연결을 유지합니다. 이 때문에 우리는 두렵고 힘들어도 사건과 관련된 단서를 조금씩 다시 마주하고, 이제는 지나간 일이라는 사실을 알려주어야 해요."

활동 5 | 연습과제

■ 안정화 기술 중 하나를 매일 자기 전에 연습하도록 안내한다.

■ 부정적인 기분을 느낄 때 안정화 기술을 사용해보도록 연습과제를 제공한다. [워크시트 17]

참고문헌

신민섭, 이서정 (2011). 친족성폭력 피해자 치료 프로그램 개발. 여성·아동 폭력피해 중앙지원단.

Snel, E. (2013). *Sitting Still Like a Frog: Mindfulness Exercises for Kids (and Their Parents)*. Shambhala Publications.

생각–감정–행동의 연결고리

정서조절을 위한 세 번째 모듈은 생각, 감정, 행동의 관계를 이해하는 것이다. 신체나 정서의 과각성 반응을 조절할 수 있게 되었다 해도, 부정적인 인지 혹은 신념을 가지고 있다면 부정적인 정서에 빠져들기 쉽다. 상담자는 아동·청소년이 외상 후 세상과 자신, 사건 등에 대해 부정적인 신념을 갖게 되었을 수 있다는 점을 기억해야 한다. 아동·청소년은 외상 이후 자신의 경험을 이해하기 위해 나름대로 여러 생각과 해석을 했을 것이다. 그런데 이는 부정적인 정서를 발전시키고 유지시키는 흑백논리, 과잉일반화, 파국화 등의 역기능적인 사고일 수 있다.

이번 모듈의 주요 목표는 생각–감정–행동의 연관성을 인식하고, 생각을 조절함으로써 감정과 행동도 조절할 수 있음을 이해하는 것이다. 여러 예시와 경험을 통해 생각이 감정과 행동을 바꾸는 열쇠가 될 수 있음을 알게 한다. 이는 최종적으로 아동·청소년이 외상 경험과 관련된 자신의 사고와 신념을 자각하고 나누며, 역기능적인 부분에 대해 논박하는 작업을 하기 위함이다.

> **목표**
>
> ❶ 생각–감정–행동의 관계를 인식한다.
> ❷ 생각을 바꾸는 것이 감정 또는 행동을 바꾸는 데 도움이 되는 방법임을 이해한다.
> ❸ 외상과 관련한 정서에 연합되거나 내재된 생각들, 혹은 외상에 대해 회피하고자 하는 생각들을 파악하고 다룬다.
> ❹ 외상과 관련된 왜곡된 생각이나 믿음들을 알아채고 이를 논박한다.

01 **외상 경험이 아닌 일반적인 상황에서의 사실과 생각에 대해 다루는 것으로 시작한다.**

　　최종 목표가 외상 경험과 관련된 역기능적 사고를 수정하는 데 있다고 하더라도, 우선은 일반적인 장면에서 시작하는 것이 용이하다. 아동·청소년이 외상 장면을 떠올리는 것을 회피할 수 있을 뿐 아니라, 외상 장면에서의 사실과 생각, 왜곡된 지점을 변별하기 어려워할 가능성이 높기 때문이다. 먼저 일상생활에서의 생각 바꾸기를 적용할 수 있다면 외상에 대해서도 보다 자신감 있게 접근할 수 있을 것이다. 이와 관련하여, 일상생활에서의 대안적 생각을 강화할 수 있는 활동들을 선택활동으로 제안하였다. 외상과 관련된 생각은 이후 노출 모듈에서 보다 자세히 다룰 것이므로, 여기서는 워밍업 단계로 가볍게 다룬다.

02 **목표를 충분히 숙지하기 위해 회기 수를 늘려 진행할 수 있다.**

　　이 모듈은 크게 '사실과 생각을 구별하기', '생각-감정-행동의 연결고리 이해하기', '역기능적 생각 수정하기'라는 세 가지 목표를 가지고 있다. 아동·청소년이 이를 충분히 이해하고 적용할 수 있도록 다양한 활동들을 제시하였다. 그러나 필요한 경우 '사실과 생각 구별하기'와 '생각-감정-행동의 연결고리 이해하기'를 한 회기로, '역기능적 생각 수정하기'를 한 회기로 분리하여 진행할 수 있다.

03 **비합리적 생각뿐 아니라 도움이 되지 않는 생각 역시 역기능적 생각으로 포함하여 다룬다.**

　　외상과 관련한 아동·청소년의 생각들 중 어떤 것은 꼭 현실을 '왜곡'했다고 할 수는 없지만, 그 생각에 사로잡히는 것이 전혀 도움이 되지 않는 경우가 있다. 비록 그 생각이 사실이라 하더라도 아동·청소년에게 도움이 되지 않는다면 이는 역기능적 생각이다. 이러한 역기능적 생각에 대해서는 사실이 아니라는 점을 논박하기보다, 그것이 부정적인 영향을 미치고 있는 부분에 집중할 필요가 있다. 또한 믿을만한 범주의 긍정적인 진술로 혹은 도움이 되는 진술로 바꾸어보는 것도 도움이 된다.

- 지난주에 강한 감정을 느꼈던 상황을 점검하며 오늘의 활동을 시작한다.

- 상황에 대해 이야기할 때, 사실과 생각을 구분할 필요가 있다. 우리가 '사실'이라고 생각하는 많은 것들이 실은 우리의 '생각', 즉 '사실에 대한 해석'일 수 있다. 특히 어린 아동들은 이 부분을 이해하기 어려워할 수 있으므로, '사실'과 '생각'을 다룬 다양한 문장들을 구별해보는 작업을 선행하는 것이 도움이 된다.[워크시트 18] 즉, 이 활동은 아동·청소년의 발달 수준을 고려하여 진행한다.

- 보다 나이 든 아동·청소년의 경우, 일상생활에 있을법한 구체적인 예시를 통해 사실과 생각이 다를 수 있다는 점을 이해하는 것부터 시작해도 무방하다.[워크시트 19] 예를 들면 친구들이 놀러 가면서 자기에게만 전화를 하지 않으면(이것은 실제로 일어난 사실이다), '내가 왕따구나'라는 생각이 들 수 있다(이것은 아직 확인되지 않은 것으로, 본인의 생각이다). 이때 아동·청소년은 곧바로 자신이 왕따라서 슬프다고 이야기하곤 한다. 그러나 상술한 바와 같이 이는 아동·청소년의 '생각'이며, 있는 그대로의 '사실'이 아니다. 따라서 아동·청소년에게 '친구들이 전화를 하지 않았다'가 '사실'이고, '내가 왕따가 된 것 같다'는 '생각'이라고 구별해준다. 이렇듯 사실과 생각을 구별하여 인지하도록 돕는 것은 감정과 생각의 관계를 이해하는 기본이 된다. 이후 '친구들이 전화를 하지 않았다'는 사실에 대해 '친구들이 까먹었나 보다' 혹은 '친구들이 내가 학원에 가는 날인 줄 알았나 보다' 등 다양한 가능성을 고려할 수 있음을 이야기해본다.

- 감정과 연합된 많은 생각들이 실제 일어난 '사실'이 아니라 그에 대한 '해석'일 수 있음을 이해하도록 한다. 아동·청소년의 생각에 대한 이유와 근거

들을 수집하여 그 타당성을 검증해보는 것은 그다음 단계이다.

> "우리가 어떤 상황에 대해서 떠올릴 때, 실제로 일어난 일과 그에 대한 내 생각이 섞여 있는 경우가 많아요. 상황 자체가 힘들거나 행복한 경우도 많지만, 생각이 우리를 괴롭히거나 힘을 주는 경우도 있어요."

활동 2 ｜ 생각-감정-행동의 꼬리잡기

- 워크시트를 활용하여 생각-감정-행동의 관련성을 설명한다.[워크시트 20] 어떤 상황에 대해 우리는 여러 생각을 하고, 감정을 느끼고, 행동을 할 수 있으며, 그 세 가지가 서로 연결되어 있기 때문에 셋 중 무엇 하나를 바꿀 수 있다면 나머지도 바뀔 가능성이 있음을 알려준다. 감정 자체를 조절하는 연습을 했던 지난 모듈과 달리, 이번 모듈에서는 생각을 다르게 함으로써 감정도 변화시킬 수 있음을 이해하는 데 초점을 맞추어 설명한다.

- 이에 더하여 다양한 예시들을 통해 실제 상황과 생각-감정-행동의 관계를 이해할 수 있다. 우선 워크시트의 예문에서 생각, 감정, 행동을 찾아 각각을 적어본다.[워크시트 21]

> "다른 친구들의 여러 가지 상황을 보고, 생각과 감정, 행동을 찾아볼까요?"

예시 1	동생이 보는 만화책이 재미있을 것 같아서 가져다 읽고 있는데, 동생이 내놓으라고 소리를 질렀다. 그래서 내가 꿀밤을 먹였더니 동생이 울기 시작했다. 울음소리를 듣고 엄마가 와서 인상을 찌푸리며 왜 동생을 때리느냐고 큰 목소리로 말했다. 엄마는 맨날 나만 혼낸다. 억울하고 짜증 난다. 엄마를 노려보고 내 방으로 들어가면서 문을 쾅 닫았다.
예시 2	내일은 수학 시험이 있는 날이다. 수학은 정말 어렵다. 나는 원래 수학을 잘 못하니까 시험을 못 볼 게 뻔하다. 시험 성적이 나오면 엄마한테 또 혼나겠지. 점점 걱정되고 불안하다. 책상에 앉아 있어도 아무것도 할 수 없고, 펜 뒷부분만 물어뜯는다.

예시 3	화장실에 갔다가 나왔더니 복도에서 친구 두 명이 이야기를 하며 웃고 있었다. 그런데 내가 다가가니까 표정이 바뀌었다. 뭐지, 내 흉을 보고 있었나. 기분이 나쁘고 속상해져서 먼저 들어간다고 말하고 교실에 들어가 앉았다.

■ 예시를 살필 때는 생각-감정-행동뿐 아니라, 사실과 생각 또한 구별할 수 있도록 안내한다. 상황이나 사실로 보이는 것들도 면밀히 살펴보면 생각과 해석이 포함된 경우가 많다. 이를테면 '동생하고 싸웠는데 엄마가 나만 혼냈다'는 상황은 사실처럼 보이지만, 실제로는 상황을 주관적으로 요약하여 해석한 것이다. 보다 객관적이고 구체적인 사실은 '동생이 보는 만화책이 재미있을 것 같아서 가져다 읽고 있는데, 동생이 내놓으라고 소리를 질렀다. 그래서 내가 꿀밤을 먹였더니 동생이 울기 시작했다. 울음소리를 듣고 엄마가 와서 인상을 찌푸리며 왜 동생을 때리느냐고 큰 목소리로 말했다'일 것이다. 이렇듯 해석되지 않은 실제를 묘사하는 것 자체도 쉽지 않은 작업이다. 일반적인 정서조절 프로그램이라면 이러한 과정을 충분히 연습하는 과정을 포함하겠으나, 외상을 다루는 것이 목적인 본 프로그램에서는 이러한 과정을 정교하고 충분하게 시행하는 데 한계가 있다. 따라서 아동·청소년이 이후 외상과 관련한 생각들을 처리할 수 있도록 기본 원리를 이해하는 데 초점을 맞춘다.

■ 앞의 세 가지 예시를 계속 이용하여, 그 상황에서 가능한 대안적 생각을 몇 개 적어보게 한다. 그에 따라 감정이 어떻게 달라지는지도 이야기하거나 적어보도록 한다. 쓰는 것을 싫어하는 아동이라면 상담자가 아동의 말을 받아 적을 수도 있다. 또 대안적인 생각들을 통해 감정이 긍정적으로 변화했는지, 그대로인지, 혹은 더 나빠졌는지를 ○, △, ×로 표시하게 할 수도 있다. 이를 통해 아동·청소년은 생각과 감정의 관련성을 인식하고, 생각을 바꾸는 것이 감정을 변화시키는 방법 중의 하나임을 이해할 수 있다.

예시 1	대안적 생각	• 엄마가 매일 나만 혼냈던 건 아니야. • 동생이 만화책을 못 보게 한 걸 알면 엄마는 동생도 나무라실 거야. • 동생도 잘못했지만, 동생을 때린 건 내 잘못이니까 혼날만했지.
	감정	• 그렇게 억울하지는 않아.
예시 2	대안적 생각	• 나는 수학을 못하긴 하지만, 공부를 하면 점수가 약간은 올라갈 거야. • 생각해보면 엄마가 시험 성적만 가지고 혼낸 적은 없는 것 같아.
	감정	• 그럭저럭 괜찮아.
예시 3	대안적 생각	• 그냥 자기들끼리 재밌는 이야기를 하고 있었던 것뿐이야.
	감정	• '그런가 보다' 하고 아무렇지 않아.

■ 가장 중요한 것은 아동·청소년이 '아, 내가 상황을 그렇게 생각하고 해석해서 그런 기분이 들었구나'를 이해하는 것이다. 이는 감정과 생각이 움직이지 않고 불변하는 것이 아니라, 상대적이고 유동적이며 내가 선택하고 변화시킬 수 있는 것이라는 개념을 형성할 수 있게 한다. 사실과 생각, 감정을 분리할 수 있다는 것만으로도 생각과 기분으로부터 거리를 둘 수 있게 된다. 그리고 그 거리는 숨을 쉬고 생각을 바꿀 여유를 준다.

활동 3 | **나는 그때 어땠냐면…**

■ 지금까지 예시로 살펴보았던 생각-감정-행동의 연결고리를 일상생활에 적용해보는 활동이다. 회기의 초반부에 이야기했던 '지난주에 강한 감정을 느꼈던 상황'에 대해 다시 떠올려보고, 이를 생각, 감정, 행동으로 정리해보게 한다.[워크시트 22]

■ 아동·청소년은 자신이 했던 생각이 감정에 어떤 영향을 미쳤는지 생각해본다. 이 단계에서 상황에 대한 해석이나 생각의 타당성 또는 유용성을 검토해볼 수도 있다. 만약 생각이 타당하지 않거나 유용하지 못하고 부정적인 영향만 준다면, 대안적인 생각을 자유로이 떠올려볼 수 있게 한다.

- 이때 대안적 생각의 현실성 여부에는 제한을 두지 않고 다양하게 브레인스 토밍을 하는 것이 도움이 된다. 생각을 자유로이 떠올리는 것 자체가 정서에 압도된 채 경직된 생각만 하는 것에서 벗어나게 하기 때문이다.

💬 TIP

아동·청소년의 생각이 타당하지만 유용하지 않다면?

아동·청소년의 생각이 실제로 타당하고 현실성이 있음에도 불구하고, 감정을 편안하게 하는 데는 유용하지 않을 수도 있다. 이 경우 상담자도 당황하기 쉽다. 만약 이러한 현실적인 생각이 위험과 관련된 것이라면 안전계획을 세우면서 다룰 수 있을 것이다. 그렇지 않다면 내 감정이 편안해지는 데 도움이 되는 대안적이고 유용한 생각을 더 많이 떠올릴 수 있게 한다. 여기에는 상담자의 유연한 사고도 필요하다.

- 대안적인 생각 중에서 좀 더 도움이 되는 생각들, 즉 아동·청소년의 감정을 나아지게 하며 현실적이라고 여겨지는 생각들의 목록을 정리한다. 대안적인 생각을 했을 때 기분이 어떻게 변화하는지를 확인한다.

- 대안적인 생각을 더욱 강화하기 위해 다음과 같은 활동들을 해볼 수 있다.

1) 긍정적 메아리 캐치볼 (선택활동)

> **준비물** 주고받을 수 있는 고무공, 긍정적인 생각 목록

- 아동·청소년이 이야기했던 부정적인 생각을 상담자가 말하면서 고무공을 던진다. 아동·청소년은 그에 대항하여 긍정적인 생각을 큰 소리로 외치며 고무공을 다시 상담자에게 던진다. 고무공이 여러 번 왔다 갔다 하도록 던지고 받기를 반복한다. 공을 주고받는 상황에서 아동·청소년이 긍정적인 대안적 생각들을 바로 떠올리기 어려울 수 있으므로, 미리 적어놓은 긍정적인 생각 목록을 앞에 두고 진행하는 것이 좋다. 또한 상담자는 아동·청소년의 차례에 긍정적인 생각을 촉진해주어야 한다. 긍정적인 생각을 외칠 때 목소리가 작거나 소극적으로 반응하는 아동·청소년에게는 더 큰 소리로 반

박할 수 있도록 격려한다. 긍정적인 생각 목록이 다양할수록 도움이 된다.

2) 펀치펀치 새로운 생각카드 (선택활동)

> **준비물** 필기구, 색상지, 모양펀치

- 아동·청소년이 이야기했던 부정적인 생각을 종이에 적어 부정적 생각카드를 만든다. 그다음, 아동·청소년이 좋아하는 색상의 종이를 선택하고 거기에 새로운 대안적인 생각들을 적어 긍정적 생각카드를 만든다. 카드를 다 만들면, 그중 부정적인 생각카드에 모양펀치로 여러 번 구멍을 뚫어 부정적인 생각 문장이 보이지 않도록 없앤다. 이후 구멍이 뚫려있는 부정적 생각카드에 대안적 생각이 적혀 있는 긍정적 생각카드를 덧대어 붙여 새로운 생각카드를 완성한다.

활동 4 | 외상에의 적용

- 아동·청소년이 외상과 관련하여 들었던 생각들을 표현해보게 한다. 이렇듯 외상 사건과 관련된 인지를 다루는 것은 노출치료와 본격적인 인지적 처리를 위한 예비 작업이라 할 수 있다. 노출치료를 위해서는 외상 경험의 치료를 방해하는 핵심적 인지인 '잊어버리려고 노력하는 것이 낫다'라는 생각을 변화시키는 것이 필수적이기 때문이다.

- 이 단계에서 외상 사건에 대해 자세히 이야기할 필요는 없다. 잠시 사건을 생각해보게 한 후 떠오르는 생각들을 탐색하는 것으로 충분하다. 아동·청소년이 이야기하는 것을 특별히 어려워하지 않는다면, 다음과 같은 질문을 사용해볼 수 있다.

■ 해리 증상과 같은 외상 후유증을 갖고 있는 아동·청소년의 경우, 외상 당시에 들었던 생각들을 떠올리거나 표현하기 어려워할 수 있다. 이는 노출치료 과정에서 보다 자세히 다룰 것이므로 이 모듈에서는 외상 경험 자체에서 겪었던 감정보다는 접근하기 쉬운, 현재 그 사건을 떠올릴 때의 생각으로 시작한다. 또는 외상 사건에 대한 전반적인 생각(예: 성폭력에 대한 전반적인 생각, 따돌림에 대한 전반적인 생각)으로 시작해도 된다.

■ 아동·청소년이 자신의 생각을 표현하기 어려워하는 경우, 또래 친구들이 어떻게 표현할 것 같은지 떠올려보는 데서 출발해 자신의 생각으로 옮겨갈 수 있다. 그래도 어려워한다면 상담자가 다음과 같은 예시를 들어준다.

> 비슷한 일을 겪은 또래 친구들의 생각 예시
>
> "말하면 자꾸 생각나니까 잊어버리려고 하는 것이 최선이다."
>
> "내가 뭔가 잘못해서 이런 일이 일어난 것 같다. 다 내 탓이다."
>
> "내가 힘들었던 일을 알리는 것은 창피한 일이다."
>
> "그건 앞으로 결코 지울 수 없는 상처이다."
>
> "내가 평소에 잘못한 게 많아서 벌 받은 것이다."
>
> "힘들 때 나를 도와줄 사람은 없다."
>
> "친구들이 내 비밀을 알게 되면 나를 싫어하고 같이 놀지 않을 것이다."
>
> "나 때문에 내가 아는 사람들에게도 나쁜 일들이 일어날 것 같다."

1) 힘이 되는 말

■ 다른 사람이 나를 칭찬하거나 격려하는 것도 힘이 되지만, 나를 가장 잘 알고 있는 내가 스스로에 대해 칭찬이나 격려를 할 수도 있음을 아동·청소년

에게 설명해준다.

■ 아동·청소년이 외상과 관련하여 자신을 격려할 수 있는 말들을 생각해보게
한다.[워크시트 23] 이는 일종의 대안적 생각으로, 외상과 관련된 부정적 정서
를 완화하는 역할을 해줄 수 있다. 특히 수치심이나 무력감과 같은 정서에
효과적이다.

> 나를 격려하는 말의 예시
>
> "지금은 전부 힘들지만 점점 나아질 거야."
>
> "다 지나갈 거야."
>
> "내 편인 사람들이 있어."
>
> "많은 것들이 힘들어지긴 했지만, 여전히 잘하고 있는 것들도 있어. 학교도
> 잘 다니고 있고 친구들과도 잘 지내고 있어."
>
> "이 정도면 잘하고 있어."
>
> "전에 힘들었을 때도 잘했었어. 나는 이번에도 그렇게 할 수 있어."
>
> "할 수 있는 만큼 천천히 해도 돼. 지금도 충분히 잘하고 있어."
>
> "지금은 힘들만 해."
>
> "너무 힘들면 힘들다고 말해도 괜찮아."
>
> "좀 쉬어도 큰일 나지 않아."
>
> "지금까지 버텨온 것만으로도 대단해."

2) 좋은 친구 역할 놀이 [선택활동]

■ 친구가 자신과 같은 상황에서 비슷한 생각을 하고 있을 때 해줄 수 있는 말
들을 생각해내는 활동이다.[워크시트 24] 일단 부정적인 감정에 휩싸이면 그 상
황의 긍정적인 측면을 찾기 어려워지기 때문에, 아동·청소년은 긍정적인
자기 진술을 잘 생각해내지 못하곤 한다. 그러나 자신이 아닌 다른 사람이

라고 가정하면 그 감정과 상황으로부터 거리를 둘 수 있는 여유가 생기고, 긍정적이거나 중립적인 생각 혹은 전혀 다른 차원의 생각을 떠올릴 가능성이 열린다.

■ 이 활동을 통해 제3자의 입장에서 상황을 해석해보면서 좀 더 현실적인 해석을 도모할 수 있다. 이 활동은 이후 노출 모듈에서 부적응적인 생각이나 왜곡된 신념을 반박할 때에도 유용하게 활용할 수 있을 것이다.

5

내러티브 노출 ① 외상 이야기 만들기
'나의 ＿＿＿ 이야기'

내러티브 노출은 외상 기억과 연합된 부정적 정서 및 인지를 처리하기 위하여 외상에 대한 기억을 재현하는 '노출치료'의 한 방법이다. 외상에 대한 내러티브 노출의 목표는 외상 사건을 세부적으로 기억하여 재구성하는 과정을 통해, 아동·청소년이 자신의 감각적 기억, 생각, 정서 경험들을 통합하고 정리할 수 있도록 이끄는 것이다.

따라서 이번 모듈에서는 '노출'의 치료 원리인 기억과 연합된 감각적 반응이나 부정적 감정을 둔감화하는 것과 함께, 당시의 정서적 경험 및 인지들을 처리함으로써 외상 기억을 통합하고, 궁극적으로는 외상 경험을 삶의 일부이자 자서전적 기억의 일부로서 맥락화할 수 있도록 한다.

목표

❶ 내러티브 노출의 원리를 이해한다.

❷ 외상 이야기 만들기를 통해 외상과 관련된 감각, 감정, 생각을 탐색하고 표현한다.

❸ 외상 이야기를 만드는 과정에서 나타난 비현실적이거나 왜곡된 생각들을 현실적이고 도움이 되는 생각으로 바꾼다.

❹ 외상 경험을 외상 사건 전후의 맥락 속에 통합한다.

❺ 일상생활에서 외상 단서에 대한 회피가 있는 경우, 상담자의 계획하에 실제 노출을 실행한다.

01　내러티브 노출은 외상 사건의 복합성이나 외상 기억의 파편화 정도, 외상과 관련된 인지
　　적 왜곡의 정도에 따라 3~6회기로 탄력적으로 진행한다.

　　외상 사건들은 재해나 사고와 같은 단일 사건에서부터 학대나 괴롭힘과 같은 반복적이
　　고 만성적인 외상에 이르기까지, 그 강도와 복합성이 다르다. 또한 아동·청소년이 받은
　　주관적인 심리적 충격 혹은 그들이 지닌 내적 자원에 따라 외상 사건에 대한 기억의 파편
　　화 정도가 다르며, 처리되지 않거나 부적절하게 처리된 인지 혹은 정서의 범위도 다를 수
　　있다. 그러므로 외상의 복합성과 아동·청소년이 보이는 후유증(불안·각성 반응뿐 아니
　　라 부정적 인지 혹은 정서에 따른 기억의 파편화를 포함)의 수준을 고려하여 회기를 융통
　　성 있게 진행한다. 내러티브 노출의 일반적인 회기 진행은 다음과 같다.

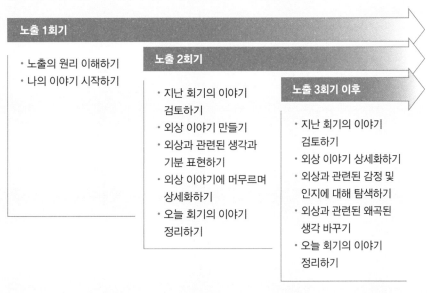

노출 1회기
- 노출의 원리 이해하기
- 나의 이야기 시작하기

노출 2회기
- 지난 회기의 이야기 검토하기
- 외상 이야기 만들기
- 외상과 관련된 생각과 기분 표현하기
- 외상 이야기에 머무르며 상세화하기
- 오늘 회기의 이야기 정리하기

노출 3회기 이후
- 지난 회기의 이야기 검토하기
- 외상 이야기 상세화하기
- 외상과 관련된 감정 및 인지에 대해 탐색하기
- 외상과 관련된 왜곡된 생각 바꾸기
- 오늘 회기의 이야기 정리하기

02　아동·청소년이 스스로 제목을 정하고, 원할 때 바꿀 수 있도록 한다.

　　아동·청소년이 편하게 제목을 정하게 한다. 정하기 어려워한다면 '나의 이야기'라는 가
　　제로 시작해도 좋다. 외상 경험을 대하는 아동·청소년의 시각이나 조망에 따라 제목은
　　달라질 수 있다. 예를 들면 내러티브 노출의 초기에는 '나의 끔찍한 이야기' 혹은 '나의
　　하기 싫은 이야기'라고 지었다가, 후반부에 가서 '나의 성장 이야기' 혹은 '나의 치유 이
　　야기' 등으로 변경할 수 있다. 프로그램을 마무리하는 시점에 제목 변경에 대해 의논해볼
　　수도 있다.

03 아동·청소년이 가진 기억의 파편들을 연결해주는 상담자의 섬세한 질문이 중요하다.

내러티브 노출은 암묵적 기억을 명시적 기억으로 전환하는 것, 다시 말해 상황이나 감각으로만 접근 가능한 기억(Situationally/Sensorily Accessible Memory: SAM)을 언어로 접근 가능한 기억(Verbally Accessible Memory: VAM)으로 전환하는 것을 목표로 한다(Brewin et al., 1996). 아동·청소년이 지닌 기억의 서사는 외상의 속성상 그리고 발달 단계의 영향상 빈곤하기 쉽다. 상담자는 구체적이고 세부적인 질문들을 던짐으로써 그 기억을 상세화해야 한다. 즉, 아동·청소년이 사건에 대한 기억을 혼자서 기술하는 것이 아니라, 상담자의 질문을 통해 당시와 지금의 감정 및 인지를 함께 다루어 자세하고 통합된 기억으로 정리해나가는 것이 중요하다.

04 아동·청소년의 연령에 따라 그림, 찰흙, 모래놀이와 같은 보조 매체를 함께 활용할 수 있다.

내러티브 노출은 외상 기억을 가능한 한 상세하게 떠올리고 그것을 재구조화하는 작업이다. 외상 사건 당시 경험했던 감각이나 감정들에 대해 그림이나 모래놀이 등으로 형상화하는 과정은 외상 기억을 촉진하고 언어적으로 상세화하는 내러티브 노출의 징검다리가 될 수 있다.

05 내러티브 노출은 항상 정서조절을 위한 안정화와 함께한다.

내러티브 노출 과정에서 발생하는 불안감이나 정서적 불편감의 강도를 체크하고, 앞 회기에서 습득한 안정화 기술을 활용하여 정서적 이완을 도모한다. 또한 내러티브 노출이 진행되는 모든 회기는 아동·청소년이 선호하는 안정화 기술의 연습으로 시작하고 마무리한다. 이를 통해 아동·청소년이 정서조절에 대한 숙달감을 경험하고, 매 회기 안정화되어 상담실을 나갈 수 있도록 한다.

06 내러티브 노출은 매 회기 반복 및 수정을 통한 처리 작업이다.

내러티브 노출의 모든 회기는 지난 회기의 노출 내용을 연결하여 반복하고 세부화하는 방식으로 진행된다. 그 당시의 감각, 감정, 생각을 탐색하고 표현하며, 특히 부정적이거나 부적응적인 생각의 타당성을 검토하여 변화시킨다.

07 내러티브 노출이 진행되는 매 회기는 외상과 관련된 기분, 생각, 증상 등에 변화가 있는지 살피는 것으로 시작한다.

아동·청소년은 노출치료 중 일상생활에서 일시적으로 불안이 증가하거나 외상 단서에 대한 민감도가 높아질 수 있다. 따라서 회기를 시작할 때 아동·청소년이 치료실 밖에서 이와 같은 변화를 겪었는지 탐색하고 점검해야 한다. 그러한 변화가 있다면, 이것이 충분히 일어날 수 있는 일임을 알려주어 안심시킨다. 나아가 그러한 변화를 충분히 거친 뒤에는 불안 등 외상과 관련한 부정적 정서의 민감도가 줄어들게 된다고 설명해준다.

08 내러티브 노출 회기 동안 작성한 '나의 외상 이야기'가 아동·청소년이 원하지 않을 때 공개되거나 노출되는 것에 대해 염려하지 않도록 안전하게 보관한다.

아동·청소년은 프로그램 초기에 모든 상담 내용에 대해 비밀이 보장됨을 안내받는다. 그럼에도 외상 경험이 공개되거나 노출되는 것을 염려할 수 있으므로 비밀 보장의 원칙을 다시 한번 확인해준다. 또한 회기 동안 작성한 '나의 외상 이야기'가 안전하게 보관되는 구체적 방안(예: 잠금장치가 구비된 차트장이나 서랍, 사용자가 제한된 노트북)을 안내해주는 것이 좋다.

■ 상담자는 노출의 기본적인 원리를 프로그램 초기에 제시하여, 이러한 노출 과정이 본 프로그램의 중요한 요소임을 사전에 이해할 수 있게 해야 한다. 노출의 원리는 다양한 예시와 비유들을 활용하여 설명할 수 있다. 둔감화와 기억 통합이 주요 원리이므로, 아동·청소년이 이 둘 모두를 이해할 수 있도록 예시를 든다.

■ 둔감화의 원리에 대해서는 특정 공포증과 관련된 예시를 들 수 있다. 예를 들어 개를 무서워한다면 처음에는 가까이 갈 수도 없고, 개의 이미지를 떠올리는 것조차 힘들 수 있다. 그러나 무서움을 참고 자꾸 개를 보거나 가까이 다가가면 두려움과 무서움이 차츰 둔감화되어 개에 대한 공포증이 소거될 수 있다. 개가 진짜 위험하다면 개를 직접 볼 때 느껴지는 두려움은 자연스러운 감정이자 위험을 피하게 하는 반응이겠지만, 위험하지 않은 상황에서도 무서워하거나 상상하는 것만으로 두려움을 느끼는 것은 현실적인 이득이 없다는 점을 이해하게 한다.[워크시트 25]

■ 이러한 예시를 외상 기억에 적용하여 설명한다. 충격적인 사건을 겪었을 때 나타나는 불안반응은 본능적이고 자연스러운 감정이며, 인간은 진화론적으로 그러한 반응을 하도록 프로그래밍되어 있다. 그러나 더는 그러한 상황이 지속되지 않음에도 기억이나 이미지만으로 불편한 감정이 올라오는 것은 현재에 적응하는 데 도움이 되지 않는다. 이미 지나간 일이고 지금은 그 상황에 있지 않음에도 자신을 힘들게 하는 부정적인 감정들이 있다면, 이를 해소하고 일상생활을 잘해나가기 위해 외상적 기억에 둔감화되고 외상과 관련된 감정과 생각을 정리할 필요가 있다.

■ 내러티브 노출의 원리를 몸에 난 상처의 치유 과정에 비유하여 설명할 수

있다. 이때 핵심은 외상에 대한 기억을 덮어두는 것보다, 아프지만 꺼내서 이야기하고 '노출'하는 것이 부정적 감정의 경감과 적응에 더 도움이 된다는 점을 아동·청소년이 이해하는 것이다.

> "속상하거나 힘들었던 일에 대해 이야기하는 것은 어려운 일이에요. 그래서 사람들은 힘들었던 일을 끄집어내는 것이 뭐가 좋을까 하고 의아해하거나, 안 좋은 기억이 되살아나 힘들어질까 봐 걱정하지요. 사실 끄집어내지 않고 놔둬서 괜찮을 수 있다면, 그것도 한 가지 방법이 될 수는 있어요. 하지만 넘어지고 다쳐서 무릎에 상처가 난 상황을 생각해봅시다. 어떤 상처들은 별로 아프지 않고 그냥 내버려 두면 저절로 낫기도 해요. 하지만 어떤 상처들은 못 본 체 하고 내버려 두려고 해도 계속 따끔거려서 잊어버릴 수가 없고 자꾸 신경이 쓰이지요. 아마도 꽤 깊은 상처이고, 또 많이 아파서일 거예요. 그런 상처를 잊어버리고 그냥 옷을 입어서 덮어버린다면 그 안에 세균들이 들어가서 상처가 곪고 더 크게 덧날 수도 있어요. 그럴 때는 좀 겁나고 아플 거라는 것을 알지만 용기를 내서 그 상처를 잘 살펴보고, 씻고 소독하고, 곪았다면 고름을 짜내고. 상처가 덧나지 않도록 약을 발라줘야 하지요. 우리가 하려는 것도 비슷해요. 무섭고 힘들었던 기억, 모른 척 놔두려고 해도 계속 힘들고 신경 쓰이게 하는 기억을 잘 살펴보고. 그때의 생각과 기분들을 꺼내놓고 이야기를 나누면서 치료하는 거지요. 그렇지만 상처를 씻고 소독할 때와 마찬가지로 너무 세게 혹은 빨리 문지르면 조심스럽게 하는 것보다 더 많이 아플 거예요. 우리는 지금부터 많이 아프지 않게 ○○의 이야기를 시작해볼 거예요. 속도는 함께 조절할 수 있으니까, 혹시 선생님이 너무 빨리 간다면 이야기해주세요."

■ 아동·청소년이 노출의 원리를 인지적으로 이해했다 하더라도, 여전히 외상 기억을 떠올리고 이야기하는 데 불안감을 느끼며 꺼려할 수 있다. 이 또한 자연스러운 반응이므로, 이러한 과정을 시작하고 적응하는 아동·청소년의 어려움에 공감해준다. 또한 심호흡이나 긴장-이완 훈련, 안전지대 심상 훈

련 등의 정서조절 방법을 사용하는 것이 도움이 된다.

TIP

노출에 대한 두려움이 크다면?

노출의 원리를 이해한 아동·청소년도 불쾌한 감정을 재경험해야 하는 상황에 두려움을 호소하며 직접적인 내러티브 노출의 진행을 주저할 수 있다. 상담자는 그러한 마음에 대해 아동·청소년과 충분히 이야기를 나누면서 준비 시간을 가질 필요가 있다. 단, 아동·청소년의 불안을 버텨주면서도 '피하지는 않는' 일관적인 태도를 견지해야 한다.

활동 2 | 나의 이야기 시작하기

1) 이야기를 시작하기 전

■ 아동·청소년이 스스로 제목을 정하게 한다. 형식이나 단어 선택에 제한을 두지 않고 자유롭게 정하도록 격려하고, 제목을 정하기 어려워하는 경우에는 예시를 들어주거나 '나의 이야기'로 시작한다.

■ 아동·청소년이 직접 자신의 이야기를 써 내려간다.[워크시트 26] 이야기는 꼭 손으로 쓰지 않고 노트북을 이용해 타이핑해도 된다. 글씨 쓰기가 서툰 어린 아동의 경우, 아동이 그림을 그리고 이야기를 하면 상담자가 그 이야기를 글로 쓴다. 글쓰기에 심리적 부담감을 느끼는 아동·청소년의 경우에도 상담자가 비서처럼 이야기를 대필해줄 수 있다.

■ 더 어린 아동이라면 그림으로 표현하거나 인형을 사용하여 재현하면서 점진적으로 상세화하는 과정을 거칠 수 있다. 그러나 본 모듈은 10세 이상의 아동·청소년을 대상으로 하므로 그림과 같은 매체를 보조적으로 활용하더라도, 가급적 세부 사항까지 구체화가 가능한 '이야기'의 형태로 만드는 것을 추천한다. 만약 음악에 흥미를 가진 아동·청소년이라면 우선 이야기를

만든 후, 원한다면 랩이나 노래 가사 등의 형식으로 만들어볼 수 있다.

■ 외상의 전후 상황과 세부 사항을 구체적으로 풀어나가기 위해 머릿속으로 이를 시각화하되, 자신의 마음에서 거리를 두고 이야기하는 것처럼 시작하도록 안내한다. 망원경이나 확대경, 축소경을 예시로 들어 거리 두기를 이해하게 하는 것이 도움이 될 수 있다.

> "여기에 있는 것을 확대경을 가지고 한번 관찰해볼까요? 어떻게 보이나요? 아주 크게 보이지요. 어떤 경우에 우리는 마음의 확대경을 사용해서 실제로 그렇게 크지 않은 것을 커다랗게 보기도 해요."
>
> "그러면 이번엔 축소경을 가지고 관찰해볼게요. 어떻게 보이나요? 마찬가지로 우리는 마음의 축소경을 사용해서 내 마음을 불편하게 만드는 것들을 더욱 작게 만들고, 멀리서 보는 것처럼 관찰할 수도 있어요."
>
> "이제부터 내가 보고 있는 스크린 위에서 그 일들(외상 사건)이 일어나고 있다고 생각해보세요. 스크린에 그때의 상황이 벌어지고 있는데, 나는 그 스크린에서 뒤로 물러나 있어요. 이제 스크린에서 벌어지는 일들에 대해 이야기해볼까요? 스크린에서 너무 가깝다고 느껴진다면, 뒤로 물러날 수 있어요. 우리는 확대경이나 축소경을 썼을 때처럼 화면을 작게도 크게도 할 수 있고, 속도를 조절할 수도 있지요. 너무 힘들다면 축소경을 썼다가 조금씩 앞으로 당겨봅시다."

■ 이러한 비유는 아동·청소년이 사건을 떠올리고 보고할 수 있을 정도의 거리에서 이야기할 수 있게 하되, 아동·청소년 스스로 외상 사건에 대한 거리를 조절할 수 있다는 통제감을 갖도록 하는 데 목적이 있다.

■ 회기 동안 작성된 '나의 외상 이야기'는 안전하게 보관해야 하며, 아동·청소년이 안심할 수 있도록 이에 대해 안내한다. 치료실에 열쇠가 달린 금고를 설치할 수 있다면 매 회기 그곳에 함께 두고, 상담자가 열쇠를 따로 보관한다.

2) 이야기 단계

■ 처음에는 외상 사건이 일어나기 전의 일상적인 상황에서 출발할 수 있다. 특히 아동·청소년이 외상 자체를 표현하는 데 좀 더 준비가 필요하다면, 자신에 대한 소개나 가족 또는 친구들에 대한 이야기부터 시작할 수 있다. 그러나 이는 외상 사건을 다루기 위한 준비 단계이므로 바로 외상과 관련한 이야기가 시작될 수 있도록 하는 것이 더 좋다.

■ 만약 아동·청소년이 지나치게 많은 시간 동안 다른 이야기를 하려 한다면, 이는 외상에 대해 다루는 것을 회피하는 모습일 수 있다. 상담자는 아동·청소년의 감정을 조심스럽게 다루면서 이야기를 시작하게 한다. 이러한 방식은 아동·청소년이 노출에 대해 느끼는 감정과 생각을 함께 다룰 수 있다는 점에서 좋은 출발점이 될 수 있다. 이야기를 시작할 때의 불편감에 대해 기분 온도계나 주관적 고통감 척도 자 등을 활용하여 기록하면 치료적 진전을 평가하는 데 도움이 된다.

> "이렇게 이야기를 시작해보면 어떨까요? 나는 정말 이 이야기는 하고 싶지 않다. 그런데 선생님이 이 이야기를 해야만 내가 기분이 나아질 수 있다고 한다. 그 말도 맞는 것 같기는 하다. 하지만 당장 그 이야기를 시작하는 것이 너무 너무 싫은데 어떻게 해야 하지?"

■ 어떤 경우에 아동·청소년들은 불안이나 거부감 때문에 이야기를 시작하기 어려운 것이 아니라, 방법적으로 어떻게 해야 할지 모르겠다고 말하기도 한다. 이럴 때는 유사한 경험을 한 다른 아동·청소년의 이야기를 읽어보게 하는 것이 도움이 된다. 이미 동의를 구한 다른 아동·청소년의 이야기책이 준비되어 있다면 그것을 보여주거나, 비슷한 방식으로 쓰인 동화(예: 제시의 『말해도 괜찮아』)를 보여주어도 좋다. 단, 아동·청소년이 자신의 이야기도 그러한 형태로 써야 한다고 이해하지 않도록 주의한다.

■ 예시를 제시했음에도 불구하고 "믿었던 어른한테 성폭행을 당했다", "가족 여행을 가는 길에 교통사고를 당했다"와 같이 간략하게만 적고 끝내려 하는 아동·청소년도 있다. 앞선 회기에서 충분히 준비했다면 이러한 모습을 보일 가능성이 적기는 하나, 이 경우 두 가지 가능성을 생각해볼 수 있다. 하나는 일종의 회피나 거부이다. 이때는 앞서 제시한 대로 외상 사건을 다루기 싫은 마음에서 시작하여 점진적으로 상세화하는 방식으로 진행해나간다. 다른 하나는 외상에 대한 해리 증상으로 인해 세부 사항을 기억하지 못하는 것이다. 이렇듯 해리 증상의 정도가 심하다면 외상초점 치료에 앞서 약물치료 혹은 안정화에 초점을 둔 개입이 필요할 수 있다. 이는 치료를 시작하기 전에 평가되었어야 하는 부분이며, 갑작스레 드러난 모습이라면 다시금 평가 및 임상적 판단을 하여 치료적 개입의 속도를 조절해야 한다.

■ 하지만 아동·청소년이 단순히 구체적인 세부 사항을 이야기하는 데 익숙하지 않은 것이라면, 상담자는 아동·청소년에게 그 사건이 일어났을 때 무엇을 하고 있었는지, 그다음에는 어떻게 되었는지, 그때 무슨 말을 했는지, 주변은 어떠했는지 등 적절한 질문을 던져 외상에 대한 기억을 정교화하도록 촉진한다.

> "○○에게 '교통사고'라는 나쁜 일이 있었지요. 우리는 그 일에 대해 좀 더 자세히 떠올리며 이야기를 나누는 것이 트라우마를 극복하는 데 필요하다고 많이 이야기해 왔어요. 지금부터 그 일에 대한 이야기를 시작하려고 해요. 괜찮을까요? 그 일을 떠올려볼 수 있을까요?"

> "사고가 있었던 날 아침이나 그 전에 무엇을 했었는지 기억나는 대로 얘기해줄래요?"

> "집을 나서서 학원에 가는 중에 친구에게 연락이 왔었군요. 집을 나서자마자 사고가 나고…. 병원에 갈 때까지의 일들을 마치 영화 장면들처럼 떠올

리면서 이야기해볼 수 있을까요? 우선, 집을 나설 때를 머릿속에 그려보면서 눈에 보였던 장면들과 소리, 느낌들을 떠올려볼까요? 어떤 색깔의 옷을 입고 있었나요? 무엇이 보였나요? 연락은 어떻게 받았나요? 기억나는 대로, 기억이 나지 않는 것은 나지 않는 대로 편하게 이야기해주세요."

활동 3 | 외상과 관련된 생각과 기분 표현하기

■ 아동·청소년이 외상 당시의 생각과 기분, 그리고 외상 이야기를 만들고 있는 현재의 생각과 기분에 대해서도 상세하게 표현해보게 한다. 둘은 비슷할 수도 있지만 다를 수도 있다. 외상 기억이 잘 처리되었을수록 당시에 비해 현재의 고통감이 줄어들었을 것이다.

■ 아동·청소년은 외상 이야기를 만들어가면서 당시에 경험했던 생각과 기분을 재경험할 수 있다. 당시에 느꼈던 두려움, 무서움, 분노, 수치심 등을 표현할 수 있도록 격려한다. 아동·청소년이 여러 형태의 감정을 가능한 한 교정 없이 자신의 언어로 표현하게 해주는 것이 좋다. 상담자가 섣불리 '불안', '공포' 등의 단어를 사용할 필요는 없다. 그러한 범주를 미리 제시하는 것이 아동·청소년의 표현을 방해할 수 있기 때문이다.

■ 때로 아동·청소년들은 불안했던 감정을 "배가 아팠다" 혹은 "머리가 어지러웠다"라고 표현하곤 한다. 이러한 표현들은 사실 '불안', '분노' 등의 단어로 명명되는 감정이지만, 사람마다 그러한 감정을 경험하는 실체는 모두 다를 것이다. 불안은 가슴이 콩콩 뛰는 것이나 배가 싸하게 아프고 조이는 것처럼 신체적으로 자각될 수도 있다. 이를 여러 가지 정서적 개념으로 분류하도록 자연스럽게 유도할 수는 있겠으나, 자발적이고 생생한 감정 표현을 제지하지 않는 것이 더 중요하다. 기분 온도계를 제시할 때에도 그저 얼마

나 고통스러웠는지, 혹은 아동·청소년 본인이 표현하는 그 감정을 얼마나 강하게 느꼈는지 정도로 측정하기를 권한다.

■ 앞선 회기에서 언급하였듯, 외상 이야기를 하면서도 실제 있었던 '사건'과 아동·청소년의 '생각'이 혼재될 수 있다. 그러나 이 활동에서 핵심적인 것은 아동·청소년이 자신의 생각들을 자연스럽게 표현하도록 격려해주는 것이다.

활동 4 │ 외상 이야기에 머무르며 상세화하기

■ 노출치료의 원리에 따라, 불안 자극에 충분히 머무르면서 견뎌내는 과정을 반복하는 것이 중요하다. 따라서 다소 지루하게 여겨지더라도 해당 회기에서 다루고 있는 부분(사건의 부분이나 그때의 감정이나 생각)에 초점을 맞추어 외상 이야기를 반복해 읽어나가면서 세부 내용을 이어가도록 한다. 이야기 전체를 여러 번 반복할 필요는 없으나, 각 회기의 마지막과 새로운 회기의 시작에는 전체적으로 읽으면서 정리하고 검토하는 것이 좋다.

■ 외상 이야기는 보통 여러 사건들과 그에 관련된 감정 및 생각들을 정리해 나가야 하기 때문에 한 번에 상세화하여 완성하기 어렵다. 예를 들어 교통사고와 같은 단일 외상 사건인 경우 한두 회기에 상세화할 수 있겠지만, 교통사고 자체뿐 아니라 그 이후 병원 치료 과정에서 외상을 반복해 경험한 경우라면 더 많은 회기가 필요할 수 있다. 따라서 기억의 뼈대를 먼저 정리하고, 그 이후 다시 읽어가면서 새롭게 기억나는 부분이나 떠오르는 감정과 생각들을 추가해나가는 방식으로 상세화한다.

■ 아동·청소년이 자신의 외상 이야기를 읽어나가기를 꺼려한다면 상담자가 큰 소리로 대신 읽어줄 수 있다. 읽어나가는 것이 반복되면 아동·청소년의

불안반응은 완화될 것이다. 만약 아동·청소년의 불안반응이 완화되지 않는 다면 호흡법이나 긴장–이완 훈련, 안전지대 심상 훈련 등 정서조절 방법들을 사용할 수 있다. 단, 외상 이야기의 초기 단계에서는 상담자가 대신 읽어 주더라도 마무리 단계에 가면서는 아동·청소년이 직접 소리 내어 읽어나가게 한다.

- 치료의 원리를 이해하고 동기화되었다 해도 주관적 고통감이 가장 강한 장면의 이야기는 주저할 수 있다. 아동·청소년들 중 상당수는 외상과 관련한 전후 맥락에 대해서는 비교적 어려움 없이 이야기하지만, 정작 세부 내용에 대해서는 말하기를 꺼리곤 한다.

- 특히 성 학대나 가정폭력, 집단 괴롭힘 등 관계적이고 폭력적인 외상의 경우, 사건 자체에 대해 회피하고 싶은 마음에 아주 간략하게만 이야기하고 넘어가려는 경향이 있다. 사건의 세부 사항에 대한 기억이 아동·청소년에게 어느 정도의 고통감을 주는지 확인하기 위해 기분 온도계를 사용하고, 고통의 강도가 가장 센 장면을 이미지화할 수 있도록 격려하며, 이를 해냈을 때 칭찬 등을 통해 강화한다.

- 아동·청소년이 이야기하기 힘들어하는 것은 불안으로 인한 회피 때문인 경우가 대부분이지만, 수치심과 부끄러움 때문일 때도 있다. 상담자는 아동· 청소년이 혹시 부끄럽거나 창피하다고 느끼는지 확인할 필요가 있으며, 창피함이나 수치심과 관련된 생각들을 탐색하여 현실적인 생각으로 바꾸어주도록 한다. 보다 어린 아동들은 자신이 왜 창피한 기분이 들었는지 표현하기 어려울 수 있다. 이때는 관련되었음 직한 인지적 왜곡의 예를 들어준다.

- 일부 아동·청소년은 불안이나 고통감 등의 정서적 반응 때문이 아니라, 사건 당시 있었던 행동의 의미를 이해하지 못해 이야기를 구체화하지 못할 수

도 있다. 이 경우 상담자가 적절한 질문들을 사용하여 아동·청소년이 세부적인 상황을 구체적인 행동에 대한 기술로 표현할 수 있게 도와준다.

■ 다음은 상담자가 질문을 통해 아동·청소년의 내러티브 노출을 상세화한 사례이다. 상세화 과정에서 아동·청소년들의 불쾌감과 불안감이 높아진다면 앞서 배운 안정화 기술을 시행하며 속도를 조절한다.

사례1 ···

| 아동·청소년 기술 |

"선생님이 자기 집으로 놀러 오라고 했어요. 집에 가족들이 다 있다고 했는데 집에 도착하니 그 선생님 혼자 있었어요. 나한테 특별한 매력이 있다고 했어요. 내가 어른스럽다고 생각했대요. 내가 어리지만 않았다면 자기가 진작에 대시했을 거라고 했어요. 그 말을 할 때 눈빛은 진짜 같았어요. 그리고는 키스를 하고 막 만졌어요. 성폭행을 했어요. 그러고는 집에 와버렸어요."

| 상담자의 상세화 질문 |

"놀러 오라는 연락을 어떻게 받았을까요? 그 연락을 받았을 때 어땠나요?"
"집에 도착했을 때 집의 모습과 그 사람의 모습을 떠올려 볼 수 있을까요?"
"예쁘다고 말할 때 어떤 표정이었나요? 어떤 기분이 들었나요?"
"키스를 할 때 어떤 느낌이었는지 어떤 생각이 머리를 스쳤는지 기억할 수 있을까요?"
"그 장면을 떠올릴 때 지금 기분은 어떤가요? 그 기분이 우리 몸의 어디서 느껴지나요?"

| 상담자의 상세화 이후 아동·청소년의 재진술 |

□□년 □월 친구들이 나만 왕따를 시키는 것 같아 울적하던 차에 선생님이 카톡을 보냈다. "○○야 오늘은 기분이 어때?"라고 내 안부를 물어봐줘서 반갑고 고마웠다. 기분이 꿀꿀하다고 했더니 위로해주고 해결 방법을 같이 의

논해준다며 자기 집에 오라고 했다. 선생님의 집에 도착하고 보니 가족들이 다 있다고 했는데 선생님 혼자 있어 이상하다는 생각이 좀 들었지만, 그때 무슨 나쁜 일이 생길 거라고는 생각도 못 했다. 지금 생각하니까 바보 같았다. 하지만 그때는 몰랐다. 뭔가 이상했지만 진짜 나쁜 일이 일어날지는 몰랐다. 선생님은 붉은색 니트와 트레이닝 바지를 입은 채로 나를 보며 웃고 있었다. 선생님은 책상 의자에 앉아있었고, 나에게는 맞은편 침대에 걸터앉으라고 했다. 친구들에 대해 물어서 나는 친구들 때문에 속상한 이야기를 했다. 내가 말하는 동안 선생님은 계속 고개를 끄덕이며 나를 쳐다보다가 내 옆으로 와 앉아 내 어깨를 감쌌다. "친구들이 너의 진가를 몰라보는 것이 바보 같다"라고 하면서 나한테는 특별한 매력이 있다고 했다. 그 말을 들으니 기분이 좋아졌고, 내가 정말 뭔가 특별한 사람이 된 거 같았다. 선생님이 내 손을 잡고 지그시 나를 쳐다보는데, 느낌이 약간 이상했지만 어떻게 해야 할지 몰랐다. 이런 걸 원하지 않았지만 거절하면 선생님이 나를 싫어할까 봐 겁이 났다. 지금 생각하니까 나를 진짜 좋아해서 그런 건지 의심스럽지만…. 지금 떠올려도 가슴이 쿵당쿵당 뛰고 뒷목이 당기는 느낌이다. 그 기분이 가슴에서 느껴진다. 입이 다가왔을 때 약간의 술 냄새가 났고… 약간 더럽다는 느낌도 있었다. 그다음은 말하기도 싫지만 그래도 기억을 잘 정리하기 위해 계속해보자면…(성폭행 당시의 상황과 감각, 느낌, 생각을 상세히 정리하는 내용)

사례 2

| 아동·청소년 기술 |

"애들이 일 년 내내 괴롭혔어요. 처음에는 돈을 빌려달라고 하다가, 옷이나 물건을 가져가고… 빵을 사 오라고 했다가, 학원에서 불러내서는 때리고… 핸드폰으로 찍고는 말하면 죽인다고 했어요. 학폭위에 신고할 때까지… 너무 괴로웠는데… 보복할 거 같아서… 버텨보려 했어요. 엄마가 몸에 난 멍을 보고… 핸드폰도 보시고 난리가 났어요. 지금도 두 명은 전학 갔지만 두 명은 남아있어서… 무섭고… 전학 간 애들도 다시 연락해서 괴롭힐 것 같아서 걱

정돼요. 근데 학원에 친구들이 있어서 이사는 가기 싫어요. 학교만 전학 가고 싶지만… 그건 안 된대요."

| 상담자의 상세화 질문 |

"애들이 일 년 내내 괴롭혔다고 했는데 처음 괴롭힌 일은 언제였어요? 누구누구였고, 어떤 상황에서 뭐라고 말했었는지 떠올려볼 수 있어요?"

"돈을 빌려달라는 말을 들었을 때 어떤 생각이 들었는지, 어떤 기분이 들었는지 기억할 수 있을까요?"

"그리고 어떻게 했나요? 그때 그 아이들의 표정이나 행동은 어땠나요?"

"지금 그 장면을 떠올리면 어떤 기분이 드나요?"

"지금 그 장면을 떠올리면 몸에서 어떤 감각이 느껴지나요?"

| 상담자의 상세화 이후 아동·청소년의 재진술 |

그 애들이 나를 괴롭히기 시작한 것은 □□년 □월 중순쯤, 체험학습을 다녀오고 얼마 지나지 않아서였던 것 같다. 그 애들은 네 명인데 제일 대장인 애와 또 한 명이 우리 반이었고, 나머지 두 명은 옆 반이었다. 제일 대장인 애는 초등학교 때도 어떤 애를 괴롭혀서 피해자가 전학 간 적 있다는 소문을 나중에 들었다. 그런데 그때는 학기 초라… 난 아는 애들도 별로 없어서 몰랐다. 그때까지는 그 애가 우리 반에서 별로 튀지 않았고…. 내가 같은 반에 아는 애들이 없어서 뻘쭘하게 있을 때 나한테 말도 걸어주고 음악실 갈 때도 같이 가고 해서 나쁘지 않게 생각하고 있었다. 그날은 6교시 끝나고 종례하기 전이었는데 그 애가 2만 원만 빌려달라고 자기 앞뒤에 있는 애들한테 막 물어보다가, 다들 없다고 하자… 나한테 와서는 "너는 있지?"라고 물으며 금방 갚겠다고 했다. 그때 거절해야 했는데… 망설이다가 망설이는 것이 들통날 거 같아서 그냥 돈을 줬다. 그리고 그 애가 씩 웃었는데, 그때 기분이 더러웠다. 호구가 된 것 같은 느낌이었다. 일주일이 넘어도 갚지 않아서 그냥 놔둘까 하는 생각도 잠시 들었지만… 그래도 말이나 해봐야겠다 싶어서 쉬는 시간에 돈 언제 갚을 거냐고 묻자, 그 애가 순간 "씨팔…" 하면서 중얼거리더니… 돈 갚을 테니 일단 자기들 PC방 가는데 따라오라고 했다. 그때 약간 가슴이 덜컥

하면서 겁이 났지만… 따라오지 않으면 돈 안 갚겠다고 하고… 우리 반 다른 애가 내 가방을 끌어당겨서 어쩔 수 없이 따라갔다. 거의 끌려가다시피 했다.

- 상담자가 다양한 상세화 질문을 던져도 아동·청소년의 언어 능력이나 심리적 강도에 따라 외상에 대한 기억을 구체적으로 표현하기 힘들어할 수 있다. 이때는 동일한 수준의 상세화를 요구하기보다, 둔감화 효과를 가져올 수 있는 다른 방안(예: 외상 장면의 기억을 이미지화해서 떠올리며 머무르기, 그림으로 표현하기)으로 보완할 수 있다.

활동 5 │ 외상과 관련된 감정 및 인지에 대해 탐색하기

- 앞서 자발적으로 당시의 감정을 기억하여 표현하는 단계 혹은 현재 그 기억을 떠올렸을 때의 감정과 생각을 표현하는 단계를 거쳤다. 이제 질문을 통해 그 감정과 생각을 탐색하여 이를 더 상세화하도록 한다. 특히 자발적인 표현이 제한되는 아동·청소년에게는 이러한 섬세한 탐색이 더욱 도움이 된다.

- 아동·청소년이 외상과 관련된 기분이나 생각에 대해 이야기하기 어려워하는 경우, 다른 친구의 이야기를 예로 들어주면 보다 쉽게 접근할 수 있다. 유사한 일을 겪고 흔히 떠올릴 수 있는 감정이나 생각을 친구의 예시를 통해 말해준 후, 혹시 비슷한 생각이 든 적이 있는지, 친구가 이런 생각을 한다면 뭐라고 말해주고 싶은지 이야기해보게 한다. 또는 외상 사건을 경험한 아동·청소년들이 경험하는 여러 가지 감정과 생각들의 예시를 준비한다. 이는 일종의 '좋은 친구 되기' 활동으로, 이어지는 왜곡된 생각 교정에도 적용할 수 있다. 외상을 경험한 아동·청소년들이 흔히 겪는 감정과 생각은 다음과 같다.

감정	생각
화가 난다	– 하필이면 왜 나한테 그런 일이 생긴 걸까. 나는 재수 없는 아이야. – 내가 처음 엄마한테 이야기했을 때 믿어주지 않았다.
미안하다	– 내가 잘못해서 그런 일이 생겼다. – 나한테 이런 일이 생겨서 엄마, 아빠를 속상하게 만들었다.
창피하다	– 사람들이나 친구들이 알면 흉볼 것이다. – 나를 바보로 여길 것이다.
불안하다	– 그런 일이 또 생길 것 같다. – 신고하면 가해자로부터 보복당할 것이다.
죄책감이 든다	– 내가 잘못해서 혹은 조심하지 않아서 그런 일이 생긴 것 같다. – 내가 그때 나가지 말았어야 했다.

■ 다음은 노출 과정에서 상담자가 아동·청소년의 인지 및 정서를 탐색한 사
  례이다.

사례 1 ··

내담자: (생략) 그때 분위기가 좀 이상하다고 느끼긴 했는데… 그때 나왔어야
       했는데… 바보 같았어요. 하지만 한편으로 내가 어리지만 않았다면
       자기가 진작 대시했을 거라고 했어요. 그 말을 할 때 눈빛은 진짜 같
       았어요.

상담자: 지금 생각하니 바보 같았다고 했는데… 왜 그런 생각이 들까요?

내담자: 그때 알아차리고 나왔어야 했어요.

상담자: 지금에 와서 떠올려보면 그때 좀 이상하다고 느꼈을 때 나왔어야 했
       다는 후회가 드는 거군요. 그런 생각이 들면 어떤 기분이 들어요?

내담자: 사람들이 당해도 싸다고 할 거 같고… 창피해요.

상담자: 지금 와서는 그런 생각이 들 수 있지만 그때는 어땠어요? 왜 알아차
       리기 어려웠을까요?

내담자: 그때는 설마 선생님이 나쁜 짓을 할 거라고는 생각을 못 했죠. 그리
       고 나가겠다고 하면 이상하게 생각할 거 같았고…. 또… 그 선생님이

나를 싫어할까 봐 걱정도 됐어요. 그리고 진짜 나를 걱정하는 것처럼 보였거든요.

상담자: 그때는 선생님이 설마 그런 짓을 할 거라고 예상도 못 했고… 그리고 선생님이 나를 좋아한다고 여겨서 상황을 판단하기 어려웠을 수 있어요. 선생님이 ○○를 진짜 좋아한다고 느꼈다고 했는데, 지금은 어떻게 생각하나요?

내담자: 모르겠어요. 어떤 것이 진짜이고 어떤 것이 가짜인지…. 성폭력은 맞아요. 나는 진짜 싫었거든요.

상담자: 그 사람이 나를 진심으로 걱정하는 거 같은 생각이 들었다면 더 판단하기가 어려웠을 거예요. ○○의 마음속에 아직 정리되지 않은 생각, 그러니까 '나에게 성폭력은 했지만 그 사람이 나를 좀 걱정하고 좋아한 거 아닐까?' 하는 생각에 대해 다음 시간에 자세히 이야기 나누어 볼까요?

사례 2

내담자: (생략) 엄마한테 알려도 소용없을 거 같았어요. 학폭위에는 더더욱…. 말하면 죽인다고 했으니까…. 애들이 끝까지 따라와서 보복할 거 같았어요. 진짜 죽일지도….

상담자: 보복할 거 같았고… 진짜 죽일 수도 있겠다는 생각이 들었군요. 그때 어떤 기분이었어요?

내담자: 어… 무서웠죠…. (한숨) 꽉 막힌 기분이었어요.

상담자: 꽉 막힌 기분?

내담자: 답이 없는 기분….

상담자: 해결 방법이 없는 것 같다는 생각이 들어서….

내담자: 할 수 있는 게 없는 기분이요.

상담자: 무력감? 무기력감 같은 걸까요?

내담자: 네…. 걔네들이 교통사고 나서 죽는 상상을… 그리고 내가 칼로 죽이는 상상도 한 적 있어요.

상담자: 어떤 생각을 하면서 그런 상상을 했던 거 같아요?

내담자: 걔들이 죽어야만 벗어날 수 있을 거 같은⋯ 다른 방법은 없다는 생각⋯.

상담자: 걔들이 죽어야만 벗어날 수 있다는 생각이 들었으니⋯ 얼마나⋯.

내담자: 죽고 싶었어요. (눈물을 글썽임)

상담자: 죽고 싶을 만큼 힘들었군요. 학폭위에 신고해도 소용없고 보복당할 거 같다는 생각 때문에 너무 힘들면서도 알리지 못했었는데⋯ 지금은 어때요?

내담자: 그때보다는 나아졌죠⋯. 일단 애들을 안 만나니까⋯ 안 보니까⋯. 그렇지만 언제고 와서 보복할 가능성은 있다고 생각돼요.

상담자: 그럼 학폭위에 신고해도 아무 소용이 없고 보복당할 것 같다는 생각을 그때 몇 퍼센트 정도 믿었을까요? 100퍼센트 확신했나요? 지금은 그 생각이 어느 정도 맞는 거 같아요?

내담자: 그때는 신고해도 소용없을 거라는 생각이 90퍼센트, 보복할거라는 생각도 한 80~90퍼센트였던 거 같아요. 지금은 신고해도 소용없을 거라는 생각이 30퍼센트, 그래도 소용이 있다가 70퍼센트죠. 그런데 보복할 거라는 생각은 아직도 한 50퍼센트 정도는 들어요.

상담자: 학폭위에 신고해서 더 이상 괴롭힘을 당하지 않게 되고 걔들도 안 보게 되었지요. 그런 점에서 신고가 소용없지는 않았다고 생각이 들지만, 아직도 보복을 당할 가능성이 50퍼센트나 있다고 생각하는군요. 그럼 무서운 기분도 아직 자주 느낄 거 같아요. 보복당할 것 같은 이 걱정에 대해 한번 자세히 이야기를 나누어보지요. 그 생각이 얼마나 현실적인 생각인지, 그리고 어떻게 대처하면 좋을지에 대해서요.

활동 6 | 외상과 관련된 왜곡된 생각 바꾸기

- 외상 이야기 만들기의 초기 단계에서는 자발적인 표현을 격려하고, 중기 단

계에서는 표현되지 않은 감정과 생각들을 탐색하는 데 초점을 둔다면, 후기 단계에서는 표현된 생각들 중 왜곡되거나 부적응적인 생각들에 대해 다루는 시간을 갖는다.

■ 아동·청소년이 가진 왜곡된 생각들을 '탐정의 증거 기록지'를 이용하여 교정한다.[워크시트 27] 이는 각각의 생각에 대해 그렇게 생각한 근거가 현실적으로 타당한지 분석하고, 대안적인 생각들을 산출하여 가장 현실적인 생각들로 바꾸기 위한 과정이다. 다음은 불안한 기분이 들게 하는 생각들 중 '가해자가 잡히지 않았다'라는 생각에 대해 현실적으로 생각하는 방법을 찾는 절차로써 '탐정의 증거 기록지'를 활용한 예시이다.

탐정의 증거 기록지	
사건! **무슨 일이 일어났니?**	−가해자가 잡히지 않았다.
생각! **무슨 생각이 드니?**	−내가 엄마한테 말해 신고한 사실을 알면 복수하러 올 것이다. 고통감 점수: _____점
실제 그럴 가능성은? **(안 그럴 가능성은?)**	−나는 이제 부모님이 보호해주고 있기 때문에 실제로 나를 죽이지는 못할 것이다. −진짜 죽이려고 한 말이라기보다는 자기가 한 일이 들통나서 벌을 받게 될까 봐 겁이 나서 나를 협박한 것이다.
증거를 확보하라!	−아저씨가 말하면 가만두지 않겠다고 했다. −진짜로 나를 죽이면 살인자가 된다. 그러면 더 큰 벌을 받게 되니까 그런 짓을 할 가능성은 별로 없다.
일어날 수 있는 **최악의 결과는?**	−나에게 협박 문자를 보내거나 나를 찾아와 겁을 줄 수 있다.
만약 그렇게 된다면 **어떻게 될까?**	−만약 나를 찾아온다면 나는 빨리 도망가서 엄마한테 알릴 것이다. 그리고 사람들이 많이 다니는 길로 다닐 것이다. 모든 문자나 연락에는 대꾸하지 않고 신고할 것이다. −SOS를 할 수 있는 핸드폰을 들고 다닐 것이다.
나의 현실적인 생각은 **무엇일까?**	−큰 처벌을 받을 테니 진짜로 복수하러 올 가능성은 크지 않다. 만약 겁을 주려 한다면 난 빨리 신고해서 도움을 받을 것이다. 고통감 점수: _____점

- 어떤 아동·청소년들은 '탐정의 증거 기록지'와 같이 분석적이고 논리적으로 생각하거나 토론하는 데 익숙하지 않을 수 있다. 이때는 앞서 적용했던 것처럼 자신의 일이 아니라 친구의 일로 가정하면, 보다 객관적이고 현실적인 생각들을 산출하게 되기도 한다. 즉, 이 활동을 마치 다른 친구의 생각에 대해 분석하는 것처럼 거리를 두고 적용해볼 수 있다.

⌒⁺ TIP

아동·청소년의 염려가 현실적인 측면도 있다면?

아동·청소년의 염려가 현실화될 가능성이 0퍼센트가 아닐 때도 있다. 이 경우 상담자는 염려를 논박하기보다는 염려하는 일이 일어날 가능성과 그렇지 않을 가능성을 현실적으로 추정해보고, 두 상황에서 내가 대비할 수 있는 일과 대비할 수 없는 일을 구분하도록 돕는다. 불안을 유발하는 생각에 사로잡혀있는 대신, 할 수 있는 대비를 한 후에 스스로를 안심시킬 수 있는 생각으로 바꾸는 것이 나를 위한 방법이라는 점을 이해하게 한다.

활동 7 | 외상 이야기 완성하기

- 아동·청소년이 가장 끔찍하거나 고통감이 심한 외상 장면에 대해 이야기하는 데 성공했다면 이를 격려하고, 외상 사건 이후의 일들과 처리 과정에 대해 이야기를 이어갈 수 있게 한다.

- 외상 사건 자체뿐 아니라, 사건 이후 부모의 반응이나 법적 처리 과정, 주변 사람들의 소문 등 2차적인 외상을 겪게 되는 경우가 흔히 있으므로 이에 대해서도 다룬다. 특히 2차적 외상과 관련해서는 왜곡된 인지나 비현실적인 생각들이 많이 포함되어 있기 때문에 이에 대한 면밀한 탐색이 필요하다. 예를 들어 성폭력 사건을 알린 후에 부모가 화를 내거나 우는 등 심한 정서적 변화를 보이거나 부부 싸움이 일어나는 등 가족 내에 불안정한 환경이 조성되면, 아동·청소년은 자신 때문에 집안이 혼란스러워졌다고 느끼게 된다. 학교

폭력의 경우에는 사건을 처리하는 과정에서 교사나 친구들의 태도와 반응에 의해 또다시 마음의 상처를 받게 되기도 한다. 이처럼 외상 사건과 더불어 부모나 주변 사람들의 반응, 환경적 변화 등도 외상적인 기억으로 각인될 수 있으므로, 이러한 과정에 대해서도 충분히 노출할 수 있도록 한다.

■ 외상 이후의 과정에서 가지게 된 부정적 생각들 역시 '탐정의 증거 기록지'에 적용해 다룬다.

■ 외상 이야기 만들기는 현재 느끼는 생각과 감정으로 마무리할 수 있다. 상담과 치료 과정을 거치면서 자신의 기분이 어떻게 변화했는지 표현하고 이를 이야기에 포함함으로써 외상 이야기 만들기를 마무리 짓도록 한다. 다음은 아동·청소년이 자신의 외상 이야기를 마무리한 사례이다.

사례 1

(생략) 생각하면 기분 나쁘고 불안해지기만 했던 교통사고의 기억을 드디어 다 정리해보았다. 난 지금도 차가 무섭고 큰 소리가 나면 여전히 깜짝깜짝 놀라기는 하지만 그래도 처음보다는 많이 나아졌다. 이제 다음 주부터는 차도 좀 타고 음악도 크게 듣고 해서 마음을 더 대범하게 만들어봐야겠다. 그렇지만 선생님 말대로 급하게 억지로 할 필요는 없다고 생각한다. 아직 자전거를 다시 탈 생각은 안 든다. 혹시 좀 더 시간이 지나면 공원 같은 데서 다시 자전거를 타볼 생각이다. 하지만 자전거를 다시 타는 것이 트라우마를 극복하는

데 도움이 되는 일이라는 것을 나는 안다. 그래서 이제 조금씩 두려움을 없앨 수 있는 실천 계획을 짜봐야겠다.

(생략) 쪽팔리고 기분이 나빠져서 말하기 싫었는데… 다 이야기로 풀어서 해 보니까… 신기하게도 기분이 한결 가볍다. 내 자신이 바보 같다는 생각과 아무도 내 말을 안 들어줄 거 같았던 기분이 다 없어진 것은 아니지만, 그래도 적어도 그런 생각 때문에 그냥 당하고 있지만은 않을 것 같다. 앞으로는 그런 생각이 들더라도 내가 나를 지키고 보호하기 위해서 빨리 도움을 요청할 것 이다. 믿을 수 있고, 도와줄만한 사람들을 평소에 잘 생각해둘 것이고, 한 명 이 안 되면 여러 명에게 도움을 청할 것이다. (생략)

■ 아동·청소년이 '나의 외상 이야기'를 완성한 다음에는 이를 읽어보고 이야 기를 마무리한 기분을 표현하도록 한다.

활동 8(선택) │ 외상 단서에 대해 실제 노출하기

■ 외상 이후 PTSD 증상으로 인해 외상과 관련된 단서를 회피하고 있는 경우 라면, 외상 이야기 만들기가 마무리될 무렵부터 실제 외상 단서에 대한 노출 계획을 세운다. 노출 계획을 실제로 실행하고 그 결과를 함께 평가한 후에, 이에 대한 감상과 생각을 '나의 외상 이야기'에 포함하여 정리한다.

■ 외상과 관련하여 일상생활에서 두려움을 느끼는 단서들의 목록을 작성한 다. 아동·청소년이 의식하고 자각하는 단서들도 있지만, 그렇지 못하고 무

의식적으로 피하는 단서들도 있을 수 있다. 따라서 보호자 상담시간을 통해 정보를 충분히 수집한 뒤, 아동·청소년과 의논하여 피하고 싶은 것들의 목록을 정하고 기분 온도계로 불안점수를 매긴다.[워크시트 28]

- 외상 이야기 만들기를 마친 아동·청소년은 보통 실제 외상 단서들에 대한 불안 민감도가 해소되거나 완화된다. 그러나 외상 이야기가 마무리되기까지 계속 회피해서 노출하지 않은 단서들이 있다면, 이에 대해 실제 노출을 진행한다. 이 회기에서는 상담자와 아동·청소년이 함께 단계별 노출 계획을 짜고, 실천 후에도 함께 평가해본다.

- 아동·청소년이 일상생활에서 외상 단서에 노출하는 데에는 보호자의 도움이 필요할 수 있다. 이 경우 부모-자녀 공동회기를 진행하여 함께 노출 계획을 세우는 것이 효과적이다. 이때 보호자들이 노출에 대해 지나치게 꺼리거나 과도한 의욕으로 성급하게 노출을 하지 않도록 충분히 교육해야 한다. 실제 노출의 예시는 다음과 같다.

외상 사건의 종류	노출 예시
성폭력 · 학교폭력	(1) 사건이 일어났던 장소에 가보기: 위계 설정 (2) 가해자(혹은 2차 가해자)와 인상착의가 비슷한 사람 보기: 위계 설정 (3) 성폭력/학교폭력 관련 뉴스나 프로그램 보기 (4) 경찰서 근처에 가서 무슨 일이 있었는지 이야기하기
교통사고	(1) 사고가 일어났던 장소에 가보기: 위계 설정 (2) 사고와 관련된 차에 접근해보기: 위계 설정 (3) 치료받았던 병원에 가보기
홍수	(1) 물에 접근해보기: 위계 설정 (2) 재난대피소에 접근해보기: 위계 설정 (3) 홍수로 잃어버린 물건들에 대해 이야기해보기

- 예시 외에도 다양한 상황에 대해 실제 노출을 적용할 수 있다. 아동·청소년이 자신의 외상 이야기를 하며 보이는 정서와 신체적 반응에 대해 잘 관찰

하고, 이에 대해 함께 이야기하며 위계를 설정한다. 아동·청소년이 더 불안해하거나 덜 불안해하는 외상 상기물이 상담자나 보호자가 생각하는 것과 다를 수 있으므로, 아동·청소년의 주관적 경험을 놓치지 않고 파악하는 것이 중요하다. 이를테면 아동·청소년은 사건과 관련하여 잃어버린 인형, 사건 당시에 들렸던(그러나 사건과는 무관한) 소리, 사고에 대해 진술하거나 치료받는 과정에서 보고 들었던 내용 등에 대해 불안감이나 불편감을 느낄 수 있다.

■ 아동·청소년이 괜찮다고 말하지만 실제로 회피하게 되는 상황에 대해서도 충분한 노출이 이루어지도록 한다. 또한 높은 강도의 불안반응을 불러오는 상황에 대해서는 위계에 따라 점진적 노출을 할 수 있게 계획을 세운다.[워크시트 29] 예를 들어 학교폭력을 겪은 아동·청소년이 해당 사건이 일어난 골목길을 회피한다면 다음과 같이 점진적 노출을 계획할 수 있다.

   (1) 사건이 일어났던 골목길과 그 주변의 모습을 머릿속으로 떠올려본다.
   (2) 골목 근처를 엄마와 함께 지나가거나 차로 지나간다.
   (3) 골목 근처에서 5분 동안 머무른다.
   (4) 골목 앞에서 10분 동안 엄마와 함께 머무른다.
   (5) 골목 안을 엄마와 함께 걸어서 지나간다.
   (6) 골목 안과 피해 장소에서 엄마와 함께 10분 동안 머무른다.
   (7) 골목 안을 혼자 걸어서 지나간다.
   (8) 골목 안과 피해 장소에서 혼자 10분 동안 머무른다.
   (9) 등하굣길에 골목을 혼자서 다닌다.

■ 원칙적으로는 실제 노출 과정을 마친 후에 내러티브 노출 모듈을 마무리한다. 그러나 때때로 회피 단서를 실제 생활에서 자주 경험하지 않거나, 노출 과정을 단기간에 진행하기 어려운 상황일 수 있다. 예를 들어 교통사고 후

입원했던 병원이나 의료진의 모습이 회피 단서가 되는 경우, 평일에 그 병원에 직접 가보기 힘들어 실제 노출이 지연될 수 있다. 이러한 경우에는 충분한 시간 간격을 두고 과제를 실시한다. 이처럼 외상 이야기 만들기는 마무리되었는데 몇몇 회피 단서들에 대한 실제 노출이 지연된다면, 상담실에서는 다음 치료 모듈들이 진행되는 동안에도 매 회기 실제 노출의 진행 과정을 점검하고 불안의 완화를 체크하며 격려한다. 그리고 실제 노출의 모든 단계가 마무리되면 그에 대한 감상과 평가를 '나의 외상 이야기'에 추가해서 정리한다.

■ 불안을 감소시키기 위한 단계적 노출치료에 대해서는 『인지행동치료』(Wright et al., 2004/2009)의 '제7장 행동기법 II'를 참고할 수 있다.

....
참고문헌

Brewin, C. R., Daglesish, T., & Joseph, S. (1996). A Dual Representation Theory of Posttraumatic Stress Disorder. *Psychological Review, 103*(4), 670-686.

Ottenweller, J. (2007). 말해도 괜찮아 (권수현 역). 문학동네. (원서출판 1991).

Wright, J. H., Basco, M. R., & Thase, M. E. (2009). 인지행동치료 (김정민 역). 학지사. (원서출판 2004).

내러티브 노출 ② (선택활동) 모의법정

솔로몬이 되어보자!

모의법정은 가해자의 책임이 분명한 외상 사건에 대해 아동·청소년이 겪는 불필요한 죄책감이나 자책감을 해소하고, 책임의 소재를 분명히 하고자 고안된 활동이다. 집단 폭행이나 성폭력을 비롯한 대인관계 외상을 경험한 아동·청소년들은 사건의 책임에 대해 혼란을 느끼거나, 왜 가해자의 책임인지 명확하게 알지 못하는 경우가 많다. 그리고 이러한 혼란과 모호함은 아동·청소년 스스로에 대한 비합리적인 자책이나 수치심을 지속시킬 수 있다.

모의법정 활동을 통해 아동·청소년은 검사, 변호사, 피고인 등 서로 다른 관점에서 외상 사건의 원인과 책임에 대해 조망하고, 객관적인 판단을 도출해볼 수 있다. 나아가 상반된 관점을 종합하되 가해자의 분명한 책임에 대해 법조항에 근거해 형량을 정해보는 활동은, 분노의 감정을 절제된 절차를 통해 표출하는 기회가 될 수 있다. 물론 내러티브 노출도 이러한 인지적 처리를 해나가도록 돕지만, 모의법정은 특히 책임 소재에 대해 보다 효과적으로 정리하고 확인하기 위한 활동이다.

목표

❶ 다양한 관점에서 사건을 조망해본다.
❷ 가해자의 책임에 대해 분명히 확인하다.
❸ 불필요한 자책감과 수치심을 해소한다.

01   **모의법정은 내러티브 노출 회기를 마무리하며 실시하는 선택활동으로, 가해자의 책임이 분명한 대인관계 외상 사건에 적용한다.**

성폭력, 집단 폭행, 괴롭힘, 가정폭력, 학대 등 가해자가 법적 처벌 대상이 되는 범죄 행위에 적용하는 것이 가장 용이하다. 그러나 재난이나 사고와 같은 비대인관계 외상의 경우에도, 부적절하거나 미흡한 처리 과정으로 인해 아동·청소년이 2차 피해를 겪었다면 그 책임에 대해 살펴보는 차원에서 적용할 수 있다. 이때는 아동·청소년과 의논하여 '법정' 대신 '진상조사위원회' 등의 용어를 사용할 수 있다.

02   **다각적으로 조망하기 위해 검사, 변호사, 피고인, 증인 등 다양한 역할을 포함한다.**

객관적인 범죄 사실에 대한 확인뿐 아니라, 피고인이나 변호사의 논리 또한 상상해보면서 각 논리의 정당성을 검토한다. 특히 친족 성폭력이나 가정폭력, 학대처럼 가해자가 부모 또는 친밀한 애착 대상일 때는 아동·청소년이 가해자의 입장이나 논리에 오랫동안 세뇌되고 설득되어 있는 경우가 많다. 이러한 사건의 경우에는 아동·청소년이 검사나 판사 역할을 하면서 이를 반박할 수 있는 기회와 논리를 찾을 수 있기 때문에 다양한 역할을 해보는 것이 도움이 된다.

03   **가상의 법정 장면을 연출하여 흥미를 가지고 참여할 수 있도록 한다.**

판사, 검사, 변호사 등의 피규어, 법정 장면을 연출하는 판사봉 등을 준비하여 아동·청소년이 흥미를 가지고 참여할 수 있도록 한다. 법정 사진을 인쇄하여 배경으로 설치해둘 수 있으며, 아동·청소년과 함께 각각의 역할을 종이에 그리거나 이미지를 인쇄하여 준비할 수도 있다.

04   **가해자의 범죄 사실과 관련한 법조항을 간략하게 준비한다.**

국가법령정보센터 홈페이지(www.law.go.kr)에 들어가서 키워드를 검색하여 관련 법령을 찾는다. 법령을 자세히 포함하기보다는 법에 의한 처벌 내용을 중심으로 하여, '아동·청소년에 대한 성범죄는 5년 이상의 유기징역에 처한다'는 정도로 간략하게 제시해주는 것이 좋다. 모의법정 활동에서 활용할만한 법조항의 예시는 다음과 같다.

법률명	내용
아동·청소년의 성보호에 관한 법률	제7조(아동·청소년에 대한 강간·강제추행 등) ① 폭행 또는 협박으로 아동·청소년을 강간한 사람은 무기징역 또는 5년 이상의 유기징역에 처한다. ⑥ 제1항부터 제5항까지의 미수범은 처벌한다.
폭력행위 등 처벌에 관한 법률	제1조(목적) 이 법은 집단적 또는 상습적으로 폭력행위 등을 범하거나 흉기 또는 그 밖의 위험한 물건을 휴대하여 폭력행위 등을 범한 사람 등을 처벌함을 목적으로 한다.
가정폭력범죄의 처벌 등에 관한 특례법	제1조(목적) 이 법은 가정폭력범죄의 형사처벌 절차에 관한 특례를 정하고 가정폭력범죄를 범한 사람에 대하여 환경의 조정과 성행(性行)의 교정을 위한 보호처분을 함으로써 가정폭력범죄로 파괴된 가정의 평화와 안정을 회복하고 건강한 가정을 가꾸며 피해자와 가족구성원의 인권을 보호함을 목적으로 한다.
아동학대범죄의 처벌 등에 관한 특례법	제5조(아동학대중상해) 제2조제4호가목부터 다목까지의 아동학대범죄를 범한 사람이 아동의 생명에 대한 위험을 발생하게 하거나 불구 또는 난치의 질병에 이르게 한 때에는 3년 이상의 징역에 처한다. 제6조(상습범) 상습적으로 제2조제4호가목부터 파목까지의 아동학대범죄를 범한 자는 그 죄에 정한 형의 2분의 1까지 가중한다. 다만, 다른 법률에 따라 상습범으로 가중처벌되는 경우에는 그러하지 아니하다. 제7조(아동복지시설의 종사자 등에 대한 가중처벌) 제10조제2항 각 호에 따른 아동학대 신고의무자가 보호하는 아동에 대하여 아동학대범죄를 범한 때에는 그 죄에 정한 형의 2분의 1까지 가중한다.

■ 모의법정 활동의 취지를 설명한다.

> "우리는 오늘 모의재판을 열어볼 거예요. 실제 법정에서 판사가 죄를 지은
> 사람을 법에 따라 심판하여 판결을 내리는 것처럼, 우리가 모의법정을 열
> 어서 가해자가 자신이 한 나쁜 행동에 대해 처벌을 받도록 재판을 진행해
> 보려고 해요."

■ 법정 장면을 세팅하고 변호사와 검사, 판사, 피고인 역할을 정한다. 이때 간
단한 재판 과정과 함께 변호사, 검사, 판사가 하는 역할에 대해 아동·청소년
의 눈높이에 맞게 설명해준다. 필요하다면 피고인, 형사재판 등의 단어 뜻도
알려준다.

> "형사재판이란 검사가 범죄자에 대한 재판을 요청하면, 법원에서 죄가 있
> 는지 없는지 가린 뒤 그에 맞는 판결을 내리는 재판이에요."
>
> "판사는 법정에서 재판을 진행하고 법에 따라 가해자(피의자)에게 판결을
> 내리는 사람을 뜻해요."
>
> "검사는 사건에 대해 조사하고 피고인의 행동이 법에 어긋나는지 아닌지
> 를 따져서 심판을 구하는 사람이에요."
>
> "변호사는 가해자(피의자)가 한 일에 문제가 있는지를 조사해서 가해자(피
> 의자)에게 죄가 없다고 주장하거나 형량을 줄일 수 있는 증거를 찾는 일을
> 담당하죠."
>
> "피고인이란 범죄를 저질렀다고 판단되어 검사가 판결을 내려달라고 요청
> 한 사람을 말해요."
>
> "검사는 재판을 할 때 피고인이 저지른 행동이 범죄인지 아닌지를 따진 다

음, 어느 정도의 형벌이 필요하다고 판사에게 요청해요."

"판사는 검사와 변호사, 피고인의 이야기를 듣고, 유죄인지 무죄인지를 가려 최종 판결을 내려요."

활동 2 | 역할 준비 및 간단한 대본 작성

■ 아동·청소년이 2~3개 역할을 맡고, 상담자가 나머지 역할을 맡는다. 아동·청소년이 상반되는 입장의 역할(예: 변호사와 검사)을 동시에 맡을 수도 있으며, 이는 다양한 관점에서 사건을 조망하고 처벌의 근거와 논리를 펴볼 수 있는 기회를 제공한다. 상담자는 아동·청소년이 자신의 눈높이에서 각각의 역할을 자발적으로 표현할 수 있도록 독려한다. 상담자 자신이 맡은 역할은 전형적인 시나리오에 따라 수행하면 된다.

■ 역할 분배의 예시는 다음과 같다. 상담자가 검사 역할을 맡아 내러티브 노출 동안 확인된 피고인의 범죄 항목을 조목조목 따져 구형한다. 아동·청소년이 변호사 역할을 맡아 그와 반대되는 논리와 주장을 펼쳐보게 한다. 피고인과 증인 등은 상담자가 해도 되고 아동·청소년이 해도 된다. 증인으로서 아동·청소년의 출석 여부 또한 스스로 결정할 수 있게 한다. 단, 판사 역할은 가능한 한 아동·청소년이 맡아 최종 판결을 내리도록 한다.

■ 간단한 모의법정 대본을 미리 작성할 수 있다.[워크시트 30] 일반적인 재판 과정에 따라 판사, 변호사, 검사, 피고인, 증인들의 대화 순서나 발언 내용을 정리해본다. 지난 노출 회기에 완성한 '나의 외상 이야기'를 다시 읽고 요약해보는 것도 도움이 된다. 대본은 아동·청소년이 직접 작성해도 좋고, 상담자가 아동·청소년의 이야기를 받아 적을 수도 있다.

- 대본을 작성하면서 아동·청소년이 경험한 사건에서 누구의 잘못과 책임이 큰지 점검해볼 수 있다. 잘못이 있는 사람이나 요인들을 책임이 큰 순서대로 나열하거나 원그래프에 표시해보게 한다.

활동 3 | 모의재판의 진행

- 대략적으로 정한 순서와 대본에 따라 모의재판을 진행한다. 대본을 간략하게 작성해야 재판을 융통성 있게 진행할 수 있다.

- 상담자가 각 역할의 입장에 대해 주도적으로 설명하기보다, 아동·청소년이 스스로 사건의 내용이나 인과관계 등을 살펴보고 각자의 입장에서 사건을 바라볼 수 있도록 한다.

- 모의재판을 진행할 때는 각 역할의 특징을 살리는 것이 좋다. 예를 들어 판사가 판결문을 읽으면서 판사봉을 치는 연출을 하면 아동·청소년의 흥미를 유지할 수 있다.

- 다음은 역할을 나눠 대본에 따라 모의재판을 진행한 사례이다. 실제 활동에서는 더 즉흥적이고 생생하게 진행할 수 있다.

사례 ···

판사: 지금부터 □□□서 사건번호 2021-0123의 재판을 시작하겠습니다. 피고인 김○○ 맞습니까?

피고인: 예, 맞습니다.

판사: 검사 측, 사건에 대해 설명하면서 피고인이 유죄인 이유를 말씀하세요.

검사: 김○○는 지난 10월 1일 공원에서 친구를 기다리고 있는 아동에게 다가가 치마에 더러운 것이 묻었으니 이를 떼어주겠다고 하며 일방적으로 치마 속에 손을 넣어 엉덩이를 만졌습니다. 놀란 아동이 저항하자 아동의 팔을 꽉 잡고 움직이지 못하게 위협하였습니다. 또한 이 사실을 부모님과 선생님에게 이르면 가만두지 않겠다고 협박하였습니다. 아동은 싫다고 했으나 너무 무서워서 큰 목소리로 말할 수 없었으며, 몸이 얼어버렸다고 합니다. 억지로 남의 몸을 만지는 행위는 성폭력에 해당하므로, 피고인은 마땅한 벌을 받아야 합니다.

판사: 지금부터 피고인 심문에 들어가겠습니다. 피고인 김○○는 10월 1일 공원에서 친구를 기다리는 아이에게 다가갔습니까?

피고인: 네, 그렇지만 제가 술을 많이 먹어서 기억이 나지 않고 행동을 잘 조절하지 못했습니다.

판사: 술에 취해서 그런 행동을 했다는 것은 변명이 될 수 없습니다.

피고인: 처음에는 정말로 옷에 묻은 낙엽을 떼어주려고 했을 뿐입니다.

판사: 검사, 피고인이 이야기한 내용이 사실입니까?

검사: 정말 낙엽을 떼어주려고 했다면 아동에게 옷에 낙엽이 붙었다고 이야기만 해주어도 충분했을 것입니다. 우리는 다른 사람의 신체에 허락 없이 함부로 손을 대서는 안 된다고 배웠고, 다른 사람에게 피해나 마음의 상처를 주지 않기 위해 기본적인 욕구를 조절해야 한다고 배웠습니다. 자신의 성욕을 조절하지 못하여 다른 사람에게 큰 고통을 주는 것은 잘못입니다. 또한 공원 CCTV에 아동이 서 있는 모습이 찍혔는데 원피스에 낙엽이 붙어있지 않았으며, 피고인 김○○가 혼자서 친구를 기다리는 아동을 오랫동안 지켜보는 장면이 증거로 남아있습니다. 그러므로 충동적으로 행동했다는 피고인의 말을 믿기 어렵습니다.

판사: 피고인, 검사의 말이 맞습니까?

피고인: (고개를 숙이며) 네, 인정합니다.

검사: 아동이 전혀 원하지 않았음에도 강제로 성적 접촉이 이루어졌기 때문에, 이는 명백한 성폭력입니다. 이에 피고인은 마땅히 엄벌을 받아야

하며, 평생 감옥에서 자신의 죗값을 치러야 합니다. 무기징역을 구형합니다.

판사: 자 그럼 변호사 측, 변론하세요.

변호사: 존경하는 판사님, 피고인이 아동에게 성폭력을 저질렀다는 점은 사실입니다. 이에 벌을 받아야 하나, 피고인은 현재 자신의 행동을 후회하고 반성하고 있습니다. 피고인은 당시 성적 욕구를 잘 조절하지 못하여 친구를 기다리고 있는 아동을 보고 충동적으로 만지고 위협했다고 합니다. 행동을 조절하지 못하는 점에 대해 치료를 받고자 하고, 양로원에서 봉사활동을 하기로 하는 등 잘못을 뉘우치고 있으니 형량을 줄여주셨으면 합니다.

검사: 아무 잘못이 없는 아동은 그때의 장면이 자꾸 떠올라 잠을 자지 못하고 악몽을 꾸며, 비슷한 생김새의 남자만 봐도 불안하고 무서워서 가슴이 두근거리고 배가 아프다고 합니다. 또 사건이 일어났던 공원을 지나가지 못하고 일부러 돌아서 가야 한다고 합니다. 나쁜 행동을 저지른 피고인 때문에 잘못이 없는 아동이 지금까지 고통받아야 하는 것에 매우 분노하며, 피고인에게 강력한 처벌을 원합니다.

판사: 자, 이제 판결을 내리겠습니다. 피고인 김○○는 아무런 잘못이 없는 아동에게 성폭력을 했기 때문에 명백한 유죄이며, 「아동·청소년의 성보호에 관한 법률」에 근거해 징역 50년을 선고합니다.

 TIP

아동·청소년이 처벌의 수위를 정하기 어려워한다면?

가해자에 대한 처벌 수위가 반드시 현실적인 필요는 없으며, 법조항에 구체적으로 근거하지 않아도 괜찮다. 아동·청소년이 가해자의 책임에 대한 명분을 스스로 명확히 하기 위한 과정이므로 과장된 처벌이나 자유로운 처벌을 선고할 수 있다. 예를 들어 '벌레가 나오는 감옥에서 평생 머무르기', '신상 공개하기', '60년 동안 봉사활동하기' 등도 처벌의 예시가 될 수 있다.

■ 모의재판이 끝나면, 가해자의 범죄와 판결 결과를 판결문처럼 써본다. 또한 이를 전 국민이 알 수 있도록 짤막한 신문 기사나 뉴스 대본을 만들어본다.[워크시트 31] 이때 아동·청소년의 연령 및 지적 수준을 고려하여 상담자가 관련 용어를 알려주거나 힌트를 제공하는 등의 도움을 준다. 뉴스 대본이 완성되면 아동·청소년이 직접 기자가 된 듯이 대본을 읽어보게 한다.

■ 아동·청소년은 자신이 겪은 사건을 기사로 쓰고 대중이나 주변 사람들에게 가해자의 범죄 사실과 자신이 정한 형량 등을 공표해봄으로써, 사건 발생 과정에 대한 내부 귀인을 하지 않을 수 있다. 이는 외상 경험을 비개인적인 사건으로 객관화하는 데 도움이 된다.

■ 다음은 모의재판 결과를 바탕으로 뉴스 대본을 만든 사례이다.

사례 ···

안녕하세요. 9시 뉴스 박△△입니다. 첫 번째 소식은 공원에서 친구를 기다리는 12살 아동에게 낙엽을 떼어주겠다고 다가가 치마를 들추고 엉덩이를 만진 김○○에 대한 것입니다. 김 씨는 아동을 힘으로 제압하고 선생님과 부모님에게 이르면 가만두지 않겠다고 협박도 하였습니다. 결국 김 씨는 경찰에 신고되었고 「아동·청소년의 성보호에 관한 법률」에 근거해 징역 50년을 선고받았습니다. 아동은 잠을 잘 못 자고 비슷한 생김새의 남자를 보면 불안하고 가슴이 두근거리며 배가 아파지는 등 성폭력으로 인해 괴롭고 고통스러운 날들을 보냈습니다. 그러나 심리치료를 받고 부모님과 선생님의 도움으로 예전처럼 즐겁게 지내고 있다고 하니 참 다행입니다. 아무런 잘못이 없는 아동에게 성폭력을 저지른 사람은 벌을 받아 마땅하며, 이와 같은 범죄는 우리 사회에서 반드시 없어져야 할 것입니다. 이상 9시 뉴스 박△△였습니다. 감사합니다.

7

자원 강화와 외상의 맥락화
미래의 나, 웃는 나 ☺

노출 회기에서 부정적 자기개념이나 죄책감 등에 대해 다루었다면, 이번 모듈에서는 아동·청소년이 자신의 강점을 찾아보고, 스스로를 긍정적으로 조망해보는 것이 주 목표이다. 상담자는 아동·청소년 개인의 강점에 주의를 기울이는 데서 나아가 대인관계 내의 자원, 주변 환경의 자원, 사회적 지지 체계들을 탐색해보고, 이러한 자원들을 효율적으로 사용하고 강화·개발할 수 있도록 돕는다.

또한 우리 삶에는 좋았던 시간들(내·외적 자원)만 있는 것이 아니라, 힘들고 고통스러운 사건들도 있기 마련이다. 이 모든 경험은 인생의 한 부분이며 앞으로도 살아가면서 다양한 일들을 계속 경험하게 될 것이다. 아동·청소년이 경험한 외상 사건 역시 '인생에서 힘들었던 사건 중 하나'로 통합하여 맥락화할 필요가 있다. 맥락화란 특정 경험을 개인의 전체 삶에서 벌어질 수 있는 여러 사건 중 한 부분으로 생각해보고, 그 경험을 자기 삶의 일부로 통합하는 것이라고 할 수 있다. 즉, 외상으로 힘든 시간을 보냈지만 이 사건으로 인해 삶이 끝난 것은 아니며, 앞으로도 삶의 수직선 위에는 다양한 경험들이 그려질 것이라는 점을 강조한다. 또한 이를 잘 넘기고 회복한 후 다가올 미래를 예상해보는 작업이 되도록 하며, 과거-현재-미래가 연결된다는 인식도 심어준다. 이 활동은 아동·청소년이 앞으로의 삶에서 외상과 관련된 생각과 감정이 떠올랐을 때, 이를 잘 조절하고 다룰 수 있다는 자신감을 향상시켜줄 수 있다.

❶ 자신의 강점(내적 자원)을 찾아보고, 대인관계 자원 및 주변 환경의 자원, 사회적 지지 체계 등을 탐색한다.

❷ 자신의 전체적인 특성과 여러 경험들에 대해 정리해본 뒤, 외상 경험을 자기 삶의 한 부분으로 통합한다.

❸ 미래의 자신의 모습에 대해 그려보고 긍정적으로 조망한다.

❹ 자신과 비슷한 경험으로 힘들어하는 친구에게 조언을 해봄으로써, 자신이 겪은 어려움을 일반화하고 외상을 스스로 극복했다는 성취감을 가진다.

진행 원리

01 이번 모듈 내에서 회기 순서를 유연하게 진행할 수 있다.

이번 모듈은 크게 자원 강화와 외상의 맥락화라는 두 가지 주제를 포함하고 있기 때문에 다른 모듈에 비해 회기가 길어질 수 있다. 따라서 아동·청소년의 연령 및 과제에 대한 선호도, 치료시간 등을 고려하여 한 회기에 하나의 활동 과제를 선택하여 진행할 수 있다. 자신감이 많이 떨어지거나 위축되어 있는 아동의 경우 상담자의 재량으로 회기 수를 늘려 진행해도 좋다.

02 아동·청소년이 자기 비난이나 죄책감 등을 심각한 수준으로 다시 언급한다면, 외상과 관련된 부정적인 생각에 대해 더 다룬 뒤 자원 강화 활동을 진행한다.

인지적으로는 부정적 생각들을 바꾸기로 마음먹었다고 하더라도 여전히 이런 생각들이 남아있을 수 있다. 특히 이전부터 자존감이 낮고 다소 부정적인 자기개념을 가지고 있었던 아동·청소년들은 자신의 강점에 대해 떠올리는 것을 어려워하고 어색하게 여길 수 있다. 평소 아동의 모습을 잘 관찰하여 상담자가 직접 아동의 강점 혹은 치료 과정에서 아동이 보여준 노력 등에 대해 이야기해주는 것도 좋다. 아동이 지닌 강점과 주변의 지지 자원들의 도움으로 외상 후유증을 회복해나갈 수 있다는 사실을 상기시키고, 예전의 일상을 되찾고 적응적으로 지낼 수 있다고 격려해준다. 자기개념과 관련해 뿌리 깊은 문제가 시사된다면, 추후 이와 관련된 지속적인 상담의 진행을 계획할 수 있다.

■ 외상을 경험하면 자기 자신, 타인, 환경에 대한 부정적인 생각이 활성화되고, 자신이 속한 환경이 안전하지 않다고 느끼게 된다. 또한 수치심, 모욕감, 죄책감 등으로 인해 자신에 대해 부정적인 상(image)을 갖거나 스스로를 무가치한 사람이라고 생각하게 될 수 있다. 상담자는 이번 활동을 통해 아동·청소년이 그동안 주의를 두지 않고 지나쳤던 자신의 자원과 강점에 대해 찾아보고, 자신에 대해 긍정적으로 조망해보게 한다. 이는 아동·청소년이 자신을 아끼고 좋아할 수 있는 기회가 될 것이다. 또한 주변인이나 기관 등 외부 자원들을 탐색해보는 시간을 갖고, 발견한 지지 체계를 일상에서 잘 활용할 수 있는 방법에 대해서도 모색해본다.

1) 나만의 보물 상자

> **준비물** 메모지, 작은 상자

■ 아동·청소년이 자신을 통합적으로 바라볼 수 있도록 누구나 강점과 약점이 있다는 것을 이야기해준다. 그중에서도 개인이 지닌 강점에 초점을 두어 아동·청소년이 스스로에 대해 긍정적인 관점을 취할 수 있게 한다. 상담자는 아동·청소년이 미처 발견하지 못했던 강점을 찾도록 옆에서 도와줄 수 있으며, 외견상 드러나는 강점뿐만 아니라 심리적 자원을 포함한 내적인 강점에도 집중한다. 힘들 때 아동·청소년의 곁에서 격려해줄 수 있는 대인관계 자원과 외적 자원(예: 신고할 수 있는 기관, 치료 기관)도 구체적으로 찾아보도록 한다.

■ 아동·청소년의 삶에서 행복하고 기뻤던 일이 무엇이었는지, 뿌듯함을 느꼈던 경험에는 어떤 것이 있는지, 그때의 상황과 감정은 어떠했는지 등에 대

해 이야기를 나누어본다. 상담자는 그러한 경험이 아동·청소년에게 어떤 의미가 있으며 어떤 영향을 미쳤는지 살펴보고, 이것이 회복을 위한 자원이 될 수 있음을 설명한다.

■ 방금 이야기했던 아동의 강점과 긍정적 경험들을 메모지에 적어서 미리 준비해둔 보물 상자에 넣어보게 한다. 집에 가서도 아동에게 힘을 줄 수 있는 물건들(예: 즐거웠던 기억이 담긴 사진, 친구들이나 부모님이 적어준 편지, 학교에서 받은 상장, 좋아하는 인형이나 물건)을 넣어둘 수 있으며, 고민이 많거나 힘들 때 가끔씩 꺼내볼 수 있다고 이야기해준다.

■ 상자 대신 워크시트에 아동의 강점을 적어 붙여보는 활동으로 대체할 수도 있다.[워크시트 32]

⌢꒰ TIP

아동·청소년이 자신의 강점을 찾기 어려워한다면?
강점이란 특별하고 거창한 것이 아니라 생활 속에서 발견할 수 있는, 소소하지만 의미 있는 것들이라는 사실을 알려준다. 또한 아래와 같이 쉽게 알아차리기 어려운 강점들의 예시를 들어주면서 아동·청소년이 자신의 강점에 주의를 기울일 수 있도록 돕는다.
– "치료실에서 배운 것을 집에 가서 연습하면서 더 나은 나를 위해 노력하고 있다."
– "순발력이 좋다."
– "용기가 있다."
– "나의 몸에서 보내는 신호를 잘 알아챈다."
– "상대방의 입장이 되어 생각해보려고 한다."
– "필요할 때는 부모님과 선생님에게 도움을 구할 수 있다."
– "치료시간에 지각하지 않는다."
----

2) 나를 알아보자

■ 마인드맵을 통해 여러 영역(예: 나의 성격, 장점, 단점, 내가 좋아하는 사람들, 살면서 즐거웠던 일, 살면서 힘들었던 일, 미래의 나의 모습)에서 자신의 모습을 탐색하여 표현한다.[워크시트 33] 이때 마인드맵의 한 영역을 외상 사건에 대한

내용으로 작성하게 하면, 외상 사건과 관련된 자신의 인식을 아동·청소년 스스로 확인할 수 있다.

■ 외상 사건은 아동·청소년에게 있었던 여러 경험 중 하나의 사건일 뿐이며, 과거에 그런 일이 있었지만 현재는 많은 부분을 극복하고 이제 안전하다는 것을 강조한다. 과거에 어떤 사건이 있었든 간에 지금은 의미 있고 멋지게 지낼 수 있음을 전하며, 외상 사건을 자기 삶의 한 부분으로 통합할 수 있도록 한다.

> "지금의 나를 표현할 수 있는 것에는 여러 가지가 있지요. 나의 성격, 강점, 단점, 내 주변의 소중한 사람들, 잘하는 것, 못하는 것, 하고 싶은 것 등 많은 부분들이 모여서 지금의 내가 된 것이지요. 나를 드러낼 수 있는 다양한 부분에 대해 마인드맵처럼 생각나는 대로 적어보는 활동을 할 거예요. 또 아기였을 때부터 지금까지 나에게는 많은 일이 있었지요. 내가 기억할 수 있는 가장 어린 시절부터 현재에 이르기까지 즐겁고 좋았던 일이나 힘들고 괴로웠던 일에 대해 적어볼까요? 그리고 미래의 내 모습에 대해서도 적어봅시다."

활동 2 | 맥락화

■ 개인이 경험한 크고 작은 사건들을 전체 삶의 맥락 내에서 이해하고 통합하는 것이 맥락화의 핵심이다. 다시 말해 아동·청소년이 상처가 되는 충격적인 사건을 경험했을지라도, 이는 개인의 전체 삶에서 한 부분에 지나지 않는다는 점, 그리고 앞으로 다양한 일들을 경험하게 될 것이라는 점에 대해 다루고 통합하는 것이 중요하다.

■ 아동·청소년에게 현재의 상태와 경험으로 모든 것이 정해지고 끝나는 것이 아니라는 사실을 강조한다. 또한 아동·청소년이 회복한 후 다가올 미래의 모습도 함께 조망해봄으로써, 그러한 미래와 현재의 연결성에 대해 아동·청소년이 인식할 수 있도록 돕는다.

■ '미래의 내 모습' 활동에서는 성장하면서 경험했던 긍정적/부정적 기억들을 자신의 일대기에 따라 시간 순서대로 이야기해보고, 미래의 모습에 대해서도 조망할 수 있도록 한다. '너에게 보내는 편지'는 제3자의 입장에서 심리적 거리를 두고 외상 사건을 바라보는 활동이다. 비슷한 경험을 한 친구에게 어떤 이야기를 해줄 수 있을지 생각해보면서, 외상 경험 후 느끼게 된 고립감이나 소외감 등에서 벗어나 자신이 타인과 연결되어 있음을 경험할 수 있다. 또한 아동·청소년이 타인에게 도움을 줄 수 있는 부분을 찾아보는 과정은 대인관계 내의 자신의 모습과 역할에 대해 생각해보는 기회가 된다.

1) 미래의 내 모습

■ 나의 미래의 모습(1년 후, 5년 후, 10년 후)에 대해 상상하고, 그때는 어떤 모습으로 지내고 있을지 워크시트에 적어본다.[워크시트 34] 자신이 미래에 어떤 일을 하고 있을지, 어떤 모습이 되어 있을지, 누구와 지내고 있을지 등에 대해 이야기해보면서, 현재 상태에만 몰두하기보다 긍정적인 미래를 그려볼 수 있게 한다.

■ 1년 후, 5년 후, 10년 후의 나는 외상 경험에 대해 어떻게 바라보고 있을지 이야기해본다. 외상 경험이 자신의 신체적 상태, 스스로에 대한 상, 타인에 대한 인식 및 감정 등 다양한 측면에 영향을 미쳐서 예전과 다르게 변화한 부분들도 있을 것이다. 지금으로부터 시간이 더 지나면 이 경험이 어떻게 기억될지, 앞으로의 모습에 어떤 영향을 미칠지, 외상 경험이 자신의 삶에서

어떤 의미가 될지 등을 생각해보면서 외상 경험을 자기 삶의 한 부분으로 통합하는 시간을 갖는다.

■ 누구에게나 감당하기 어려운 일이 있을 수 있지만, 회복의 과정 또한 중요한 경험이 될 수 있음에 대해 이야기를 나눈다. 또한 외상 경험을 떠올리고 심리적인 에너지를 사용하느라 현재의 소중한 시간들이 방해받지 않았으면 한다는 이야기를 해줄 수도 있다.

2) 너에게 보내는 편지

■ 아동·청소년과 비슷한 경험을 한 친구에게 해주고 싶은 이야기를 담아 편지를 써보게 한다.[워크시트 35] 자신이 사용했던 방법들에 대한 조언을 해줄 수도 있고, 회복을 위해 노력하는 과정을 격려해줄 수도 있다.

■ 비슷한 경험을 한 친구가 아닌, 미래의 자기 모습을 상상하여 '미래의 나'의 관점에서 편지를 써보는 것도 좋다.

안전계획 세우기
내가 할 수 있는 일

외상 후유증을 다루고 회복하는 과정에서 아동·청소년이 '안전하다'는 믿음을 갖는 것은 매우 중요하다. '현재는 안전하고 괜찮다'는 믿음이 확보되어야 미래의 회복에 대해 긍정적인 시각을 가질 수 있기 때문이다. 안전이란 실제로 아무 위험도 없는 상태와 위험을 어떻게 다룰지 아는 상태를 포함하며, 물리적 환경(예: 주거 환경, 학교, 부모의 양육 방식)의 안전, 신체의 안전과 함께 심리적인 안정감을 포괄하는 개념이다.

이 모듈에서는 우선 아동·청소년이 속한 환경 및 대인관계 등에서 나타날 수 있는 위험 요소와 발생 가능한 위험 상황을 확인해본다. 그다음 아동·청소년이 스스로를 보호할 수 있는 방법들을 알고 사용할 수 있도록 한다. 이를 통해 아동·청소년은 위험한 신호를 탐지하고 현실적인 대처 방안을 연습할 수 있으며, 나아가 재피해를 방지할 수 있다.

목표

❶ 안전의 의미를 이해한다.

❷ 안전을 위협하는 위험 신호들을 탐색한다.

❸ 위험 신호들을 토대로 나의 '안전계획서'를 작성한다.

❹ 작성된 안전계획을 실제로 연습하고 실시해본다.

01 안전의 정의에 대해 설명할 때는, 모든 위험을 막을 수는 없으나 대처 방법을 아는 것은 가능하며 '도움을 구하는 것'이 주요한 대처 방법 중 하나임을 강조한다.

안전이 완벽하게 보장되긴 어렵더라도, 우리가 통제하고 대비할 수 있는 일들이 있다는 점에 대해 설명한다. 또한 혼자서 대비하기 어려운 경우, 함께 대처 방법을 찾아보거나 주변에 도움을 구할 수 있다는 점을 강조한다.

02 아동·청소년의 지적 능력, 대처 자원, 현실적인 환경 등을 고려한다.

아동·청소년이 처한 상황과 호소하는 문제들은 다양하며, 발달 연령과 지적 수준, 대처 능력 또한 상이하다. 따라서 대상자에 맞게 현실적이고 융통성 있는 방식으로 안전계획을 세워야 하며, 필요하다면 반복하여 교육한다. 또한 아동·청소년이 자신의 상황이나 능력에 대해 과대/과소평가하는 것은 아닌지에 대해서도 점검한다.

03 아동·청소년이 경험한 외상의 종류에 따라 '위험 신호 알아차리기' 활동은 생략 가능하다.

교통사고나 자연재해처럼 위험 신호를 전혀 예상할 수 없는 외상을 경험한 경우, '위험 신호 알아차리기' 활동은 생략하여 회기를 진행하는 것이 바람직하다.

04 아동·청소년의 현실적인 문제와 심리적 상태에 따라 안전계획 모듈을 내러티브 노출 모듈에 앞서 진행할 수 있다.

외상과 관련된 위험 요소가 제거되지 않은 상황이라면, 과거의 외상에 대한 반응이 아닌 실제 현실에 대한 불안반응이 더 클 수 있다. 예컨대 가해자를 마주칠 확률이 높거나 학교 또는 SNS상에서 2차 피해 가능성이 우려되는 등 현실적인 위험이 큰 경우, 아동·청소년의 두려움과 불안감이 높아질 수 있다. 이러한 때에는 정서조절 모듈에 이어 곧바로 노출 모듈을 진행하기보다는 안전계획 모듈을 먼저 진행하는 것이 좋다.

05 대처 방법들을 실제로 적용할 수 있도록 연습한다.

가능한 대처 방법을 아는 것도 중요하지만, 실제 위험 상황에서 이러한 대처 방법들을 사용할 수 있는지가 더 중요하다. 아동·청소년이 대처 방법을 사용할 수 있는지 점검하고, 이를 적용하는 연습을 해본다. 상담자와 역할극을 해보는 것 외에도, 도움을 구할 수 있는 연락처를 핸드폰에 저장하거나 SNS에서 친구를 차단하는 방법을 미리 연습해볼 수 있다.

06 아동·청소년이 상황에 대한 통제감과 효능감을 느낄 수 있게 한다.

자신을 위협하는 단서들을 민감하게 탐지해 재피해를 방지할 수 있도록 하되, 위험 요소에 과도하게 예민해져 불안이 증폭되거나 일상 전반으로 퍼지지 않게 한다. 중요한 것은, 이러한 위험 신호가 있을 때 주변에 도움을 요청하거나 적절한 안전 행동을 하면서 자신이 처한 상황을 잘 다룰 수 있다는 자신감과 효능감, 통제감을 키우는 것이다.

■ 안전이란 위험 요소가 없는 상태뿐 아니라, 위험에 대처할 방법을 알고 있는 상태를 포함하는 개념이다. 즉, 안전하다는 것은 위험 요소가 존재할지라도 이에 대처할 수 있는 방안이 마련되어 있고, 개인이 위험 상황을 어떻게 다루어야 하는지 알고 있다는 것을 의미한다. 아동·청소년이 주관적으로 '안전하다', '괜찮다'는 믿음을 가지는 것과 함께, 발생 가능한 위험에 대처하고 필요하다면 언제든 주변에 도움을 구할 수 있다는 통제감과 효능감을 지니는 것이 회복의 주요한 요소이다.

■ 어떤 위험도 없이 완벽하게 안전한 상황은 없겠지만, 위험이 닥쳤을 때 자신이 어떻게 해야 하며 누구에게 도움을 구할 수 있는지를 알고 있는 것 또한 안전한 상황임을 강조한다. 이와 관련하여 재난이나 사고가 발생하지 않은 상태만이 아니라, 잠재적인 위험에 대한 대책이 수립되어 있는 상태 역시 안전한 상황이라는 예를 들어줄 수 있다.

> "어떤 위험도 없이 완벽하게 안전한 상황이란 없을 수도 있어요. 그러나 위험이 닥쳤을 때 내가 어떻게 해야 할지를 아는 상태 역시 안전한 상황입니다."
>
> "예를 들어 우리가 코로나바이러스를 정확히 예측하거나 완벽하게 막을 수는 없어요. 하지만 손을 자주 씻고 마스크를 착용하고 사람들과의 만남을 줄이면서 스스로를 보호할 수 있지요."
>
> "지금은 치료실이 안전하다고 할지라도 여기에서 갑자기 불이 날 수도 있지요. 하지만 우리는 119에 신고할 수 있고, 상담 선생님들이 대피를 도와줄 방법을 알고 있으니 안전하다고 할 수 있어요."

■ 외상 경험과 관련된 염려와 더불어, 최근에 걱정되거나 불안한 일들, 미래에 피하고 싶은 상황 등에 대해서도 탐색한다. 이렇듯 아동·청소년이 염려하고

걱정하는 일들이 얼마나 위험한지, 어느 정도 예측 가능한지를 평가해본다.

> "이번에 경험한 사건과 관련하여 미래에 걱정되는 부분이 있을까요?"
>
> "미래에 ○○가 위험하다고 느끼게 될 상황에는 어떤 것들이 있을까요?"
>
> "걱정되거나 염려되는 일들이 있을까요?"

■ 어떤 일은 갑자기 발생하여 대비하거나 피할 수 없는 반면(통제 불가), 어떤 일은 위험을 예측해볼 수 있다(통제 가능). 아동·청소년이 위험을 예측하는 신호들을 알아차리고 피할 수 있는 상황도 있다는 것, 즉 통제 가능한 일도 있다는 점에 대해 교육하는 것이 매우 중요하다.

활동 2 | 위험 신호 알아차리기

■ 현재의 위험 요소를 현실적으로 파악하고 통제 및 대처 가능한 요소를 구분할 필요가 있다. 특히 아동·청소년의 안전이 확보되지 않은 경우 안전 조치가 가장 우선시되어야 한다.

■ 아동·청소년과 함께 위험한 상황에 공통적으로 선행하는 단서가 있는지 찾아본다.

■ 아동·청소년이 경험한 외상의 종류(예: 대인관계 내에서의 외상, 성폭행, 자연재해나 사고로 인한 외상)에 맞게 위험을 알아차릴 수 있는 신호들을 찾아보고, 이를 직접 작성해보게 한다.[워크시트 36] 아동·청소년이 위험 신호를 찾기 어려워한다면 아래와 같이 위험 상황에 맞는 다양한 예시를 들어줄 수 있다.

위험 상황	위험 신호
지진	– 핸드폰으로 재난 문자나 뉴스 속보를 받았다. – 유리창이나 식탁 위의 컵이 흔들린다.
나를 괴롭히는 남자친구	– 나를 직접 때리지 않아도 벽을 치거나 핸드폰을 세게 내려놓는다. – 어떤 옷을 입고 나갔는지 간섭하고, 매일 사진을 찍어 보내달라고 한다. – SNS 계정이나 핸드폰 비밀번호를 알려달라고 한다.
SNS에서 괴롭히는 친구	– 욕설이 담긴 쪽지를 보낸다. – 원하지 않는 단체 채팅방에 자꾸 초대한다.
갑작스러운 개의 공격	– 목줄이 매어져 있지 않다. – 공개된 장소에 보호자 없이 있다.

■ 아동·청소년의 외상 경험이 통제할 수 없는 사건(예: 뒤에 오던 차가 갑자기 들이받아 사고가 남, 집에 강도가 들어옴)이라면 이번 활동은 생략할 수도 있다.

🙂⁺ TIP

아동·청소년이 위험 신호와 관련하여 비합리적인 생각을 한다면?

(1) 어떤 아동·청소년들은 비현실적이거나 논리적이지 않은 이유를 들어, 외상 사건의 신호를 미리 알아채지 못한 자신을 비난하기도 한다(예: "엄마가 42번 버스를 타라고 했는데 80번 버스를 타서 사고가 났으니 엄마 말을 듣지 않은 내 잘못이다"). 그러므로 아동·청소년이 파악한 위험 요소들이 현실적인지 먼저 파악해본다.

(2) 위험 요소들의 현실성을 파악하는 과정에서 아동·청소년이 나름대로 합리적이고 현실적인 징후들을 찾는다면, 우리가 외상 발생의 원인을 모두 알아차리거나 통제할 수는 없다고 이야기해준다. 성인에 비해 아직 어린 아동·청소년들은 모든 것을 알아채고 완벽하게 대처하기 힘들다는 점, 위험 신호가 있다고 해서 항상 위험한 사건이 발생하는 것은 아니며 단지 확률의 차이일 수 있다는 점에 대해 다룰 수 있다.

(3) 마지막으로 아동·청소년이 겪은 사건의 위험 요소들이 현실적으로 확인 가능하고 예방할 수 있었던 것이라 하더라도 죄책감을 느끼지 않도록 해야 한다. 필요하다면, 사건 예방을 가로막던 상황이나 상태를 이해하고 수용하는 작업을 좀 더 진행할 수 있다. 이와 더불어 자책하고 후회하는 것이 현재의 회복과 적응에 도움이 되지 않는다는 점에 대해 이야기하는 것도 좋다.

활동 3 | **대처 자원 탐색하기**

■ 내가 할 수 있는 것과 주변의 도움을 받아야 할 것으로 나누어 대처 방법을 탐색한다.

- 위험 상황에서 아동·청소년이 스스로 할 수 있는 것들(예: 인터넷이나 SNS에서 개인정보 노출하지 않기, 이상한 연락을 차단하기)에 대해 탐색해본다. 또한 도움을 요청하고 받는 것 역시 매우 중요한 안전계획이라는 점에 대해 교육한다. 어려움이 발생할 경우 신뢰할 수 있는 주변 자원(예: 부모님, 선생님, 상담자, 경찰 등 믿을만한 어른, 그 외 지원 기관)의 도움을 구할 수 있고, 사건이 발생한 후에도 도움과 지원을 받을 수 있다는 점을 강조한다. 이때 자원 강화 모듈에서 다루었던, 나를 도와줄 수 있는 여러 사람들에 대해 상기하는 것도 도움이 된다. 위기 상황에서 나를 도와줄 수 있는 사람들 및 기관들을 워크시트에 정리해본다.[워크시트 37]

- 도움을 청하기 어려운 상황에 대해 이야기하는 과정도 중요하다. 많은 아동·청소년들은 문제 상황이 발생했을 때 보호자(부모)에게 도움을 구하고 싶어 하면서도 사실대로 이야기하기를 주저할 때가 많다. 혼날까 봐 두려운 마음, 부모님을 걱정시키고 싶지 않은 마음, 죄책감, 수치심 등 아동·청소년이 가지는 감정에 공감해줄 필요가 있다. 보호자(부모)나 믿을만한 어른들에게 도움을 구했을 때 발생할 수 있는 장단점에 대해 미리 생각해보고 워크시트에 작성해보게 한다.[워크시트 38]

> "부모님에게 내가 경험한 일을 사실대로 이야기하는 것은 생각보다 고민되고 망설여지는 일일 거예요. 혼날까 봐 무섭기도 하고, 괜히 일을 크게 만들고 싶지 않은 마음도 있지요. 어떤 친구들은 부모님을 걱정시키고 혼란스럽게 하는 것을 죄송해하거나, 과연 내 편이 되어 도움을 주실지 걱정하기도 해요. 부모님에게 말씀드리기 전에 어떤 마음이 드는지 같이 이야기해볼까요? 어떻게 말을 꺼낼지 같이 생각해볼 수도 있고, 어떤 반응과 결과들이 예상되는지 이야기해볼 수도 있어요."

- 부모님에게 연락을 하거나 도움을 구할 수 없는 경우, 믿을만한 어른이나

관련 기관(예: 경찰서, 해바라기센터, 스마일센터, 청소년사이버상담센터, 성폭력

상담소, 여성긴급전화)에 연락을 취할 수 있다는 점에 대해 교육하고, 연락 방

법을 구체적으로 알려준다.

TIP

아동·청소년이 도움을 청할 수 있는 기관은?

상담자는 경찰서(112)나 소방서(119) 외에도 각 상황에서 도움을 구할 수 있는 여러 기관, 지역 내 유관기관, 지역사회 시스템에 대한 정보를 알고 있는 것이 중요하다.

－성폭력 관련: 해바라기센터, 스마일센터, 성폭력상담소, 여성긴급전화(1366), 청소년성문화센터

－또래관계 어려움: 청소년사이버상담센터, 청소년상담복지센터, 청소년쉼터

－사이버 범죄 피해 관련: 디지털성범죄피해자지원센터, 한국사이버성폭력대응센터, 경찰청사이버수사국

－학교폭력: 학교폭력신고센터(117), 청소년긴급상담전화(지역번호+1388/카카오톡 및 문자 #1388), 청소년폭력예방재단(1588-9128)

－우울감 및 자살 충동: 희망의 전화(129), 생명의 전화(1588-9191), 정신건강상담전화(1577-0199)

활동 4 | 나의 안전계획

■ 워크시트에 나와 있는 다양한 상황들을 가정해보고, 각 상황마다 나를 보호하고 도움을 요청하는 방법이 다를 수 있음을 알려준다.[워크시트 39] 또한 아동·청소년이 처한 상황에서 자신을 보호할 수 있는 방법에는 어떤 것이 있는지 함께 살펴보고, 예시로 나와 있는 방법 외에 추가적으로 안전한 대처 방법을 생각하여 적어보게 한다.

■ 아동·청소년의 현재 상황이나 외상의 종류, 기능 수준을 고려했을 때 다시금 외상이 발생할 수 있는 상황들을 함께 가정해보고, 워크시트에서 적절한 예시 상황을 선택한다.[워크시트 40] 그 상황에서 위험 신호가 느껴졌을 때 혹은 위험 상황에 직면했을 때, 스스로를 보호하기 위해 할 수 있는 대처 방법들을 생각하여 워크시트에 적어보게 한다. 작성한 대처 방법들이 위험 수준에 맞는지 같이 이야기해본다. 아동·청소년이 쉽게 생각해내지 못하면 상

담자가 대처 방법을 제시하거나 힌트를 줄 수 있다.

- 대처 방법의 장점, 단점, 실행 가능성 등을 고민해본 뒤, 적합한 대처 방법을 최종적으로 목록에 넣는다. 위험 상황에서 선택할 수 있는 대처 방법이 여러 가지라면, 어떤 것을 먼저 선택하여 적용할지 우선순위에 대해서도 이야기 나눈다. 대처 방법들을 정리하여 '안전계획서'를 작성한다.

- 갑자기 놀라거나 두려움이 몰려올 때는 연습했던 대처 기술이나 안전계획서의 내용이 기억나지 않을 수 있다. 그러므로 쉽게 볼 수 있는 곳에 안전계획서를 붙여두거나, 안전계획서를 기억나게 하는 단서를 주변에 두면 좋다고 알려준다. 예를 들면 매일 사용하는 핸드폰에 저장해놓거나, 작은 메모지에 적어 다이어리나 지갑에 꽂아둘 수 있다. 평상시에 자주 익히고 상기할 수 있도록 책상이나 방문 등에 메모를 붙여두는 방법도 있다. 노트 혹은 수첩에 안전계획을 적은 '안전 수첩'을 상담자와 함께 만드는 것도 좋다.

9

치료 마무리
다시, 한발 앞으로

회복과 성장에 초점을 두고 치료 작업을 정리하는 것은 보다 긍정적이고 통합적인 자기상을 갖는 데 도움이 된다. 또한 향후 어려운 일이 생기더라도 동일한 원리로 극복해나갈 수 있으며 도움을 청할 수 있다는 자신감을 부여한다. 이를 위해 상담자는 치료를 마무리하면서 각 치료 과정에서의 주요 내용과 인상 깊었던 점 등에 대해 되짚고, 아동·청소년의 심리적 후유증의 완화 정도를 확인해보며, 아동·청소년이 회복을 위해 노력한 점을 지지해준다. 힘든 사건을 경험한 후 회복하고 성장한 점에 대해 칭찬과 축하의 마음을 전하고, 앞으로 더 성장할 모습과 아동·청소년의 역량에 대해서도 격려한다.

이 모듈은 부모-자녀 통합회기로 진행할 수도 있다. 이 경우 어려운 상황을 함께 견디고 문제를 해결해나갔다는 회복의 의미를 강화하고, 부모-자녀 간 신뢰를 돈독히 하는 기회가 될 수 있다.

목표

❶ 외상 이야기 만들기와 실제 노출의 성공 경험을 나눈다.

❷ 치료의 전 과정을 정리하고 이해한다.

❸ 회복을 위한 노력과 긍정적 변화에 대해 돌아본다.

01 **아동·청소년의 성장 및 긍정적 변화에 초점을 두고 진행한다.**

그동안 아동·청소년이 회복을 위해 노력한 점과 실제 일어난 긍정적 변화 등을 되돌아볼 수 있게 하며, 지지와 격려를 제공한다.

02 **아동·청소년의 종결 반응과 이에 대처하는 방법을 예상하고, 추수 상담을 계획할 수 있다.**

어떤 아동·청소년들은 종결을 앞두고 갑자기 주 호소로 이야기했던 증상의 재발, 혹은 새로운 심리적 어려움이나 문제행동 등을 호소할 수 있으며, 이는 종결 반응일 가능성이 있다. 종결이 끝이나 단절이 아니라는 점을 전달하고, 추수 상담을 계획하면서 관계의 연속선상에 있게 하는 것도 도움이 된다. 이러한 반응들은 종결을 계획하기 두세 회기 전부터 나타날 수 있으므로 미리 다루는 것이 좋다.

03 **다른 어려움이 남아있는 아동·청소년의 경우, 치료 연계를 계획한다.**

외상과 관련되지 않은 어려움 혹은 외상 전부터 있었던 어려움에 대한 후속 지원을 계획한다. 그에 대한 치료를 받을 수 있도록 보호자(부모)에게 안내하고, 필요하다면 다른 치료 기관에 연계할 수 있다.

04 **통합회기를 선택하여 진행할 수 있다.**

아동·청소년과 보호자(부모)가 함께하는 통합회기를 진행할 수 있으며, 이는 반드시 아동·청소년의 동의가 전제되어야 한다. 통합회기에 대한 시간 배분은 융통성 있게 조절한다. 예를 들어 아동·청소년과 회기 마무리를 하면서 말미에 10~20분 정도 보호자(부모)를 초대하는 식으로 진행할 수도 있다. 통합회기 진행 시 상담자가 과도하게 개입하기보다는, 부모-자녀 간에 서로 이야기를 나눌 수 있도록 이끌어주고 중심을 잡아주는 역할을 하는 것이 좋다.

활동 1 | 전체 치료 과정의 요약

> **준비물** 회기별 치료 내용을 정리한 표나 PPT 등의 자료(선택)

- 상담자가 치료 과정의 각 회기에서 다루었던 내용들을 간략히 요약해주고, 치료 과정에서 가장 인상 깊었던 것, 가장 도움이 되었던 활동, 혹은 가장 어려웠던 부분 등에 대해 이야기를 나누어본다. 이때 회기별 치료 내용을 표나 PPT와 같은 시각적인 자료로 준비하여 아동·청소년과 함께 보면, 지난 회기들을 효과적으로 정리하는 데 도움이 된다.

- 아동·청소년이 가장 효과적으로 느꼈던 안정화 기술, 아동·청소년의 상황에 맞게 작성했던 안전계획서와 대처 방법 등을 다시 살펴본다. 이를 통해 아동·청소년이 자신을 지키고 안정시키는 방법, 주변에 도움을 구하는 방법 등에 대해 다시 상기하고 안심할 수 있도록 한다.

- 치료 기간 동안 아동·청소년이 느꼈던 소감과 상담자의 소감을 나눈다. 아동·청소년이 스스로 자랑스러운 부분과 상담자가 보기에 칭찬할만한 태도를 중심으로 이야기를 나눈다.

활동 2 | 외상 이야기 읽기

> **준비물** 아동이 작성한 외상 이야기

- 아동·청소년이 노출 회기에서 만들었던 '나의 외상 이야기'를 소리 내어 읽어보게 한다. 지금은 어떻게 느껴지는지, 외상 이야기를 만들었던 시점과 비교했을 때 달라진 것이 있는지에 대해 이야기를 나누어본다.

"외상 이야기를 만들었던 것 기억나지요? 지금 그 이야기를 다시 읽어보면 이야기를 만들어나가던 때와는 느낌이 다를 수 있어요. 그 일은 과거에 발생했던 일이고, 지금 ○○는 안전한 사람들과 잘 지내고 있어요. 또 몸과 마음이 더 편안해졌고, 이전보다 성장했지요. 외상 이야기를 다시 소리 내어 읽어보고 어떤 생각과 감정이 드는지 이야기를 나눠볼까요?"

활동 3 | 주 호소 증상 평가

■ 종결 시점에서 아동·청소년의 증상이 얼마나 호전되었는지 파악한다. 1회기 활동 '나는 이런 게 힘들어요'를 할 때 작성했던 자신의 주 증상[워크시트 03]을 치료 호전도 평가에 다시 적어본다.[워크시트 41] 현재 시점에서 해당 증상의 고통감 수준이 얼마나 호전되었는지 살펴본다.

■ 아동·청소년에게 먼저 자신의 변화된 지점을 찾아보게 한 뒤, 긍정적인 부분에 주목하여 성취감을 느낄 수 있게 한다. 이후 상담자가 치료 초반에 세웠던 목표들을 확인해보고, 아동·청소년이 예전과 다르게 회복하고 외상을 극복하기 위해 노력한 모습에 대해 칭찬하는 시간을 갖는다. 혹은 상담자가 찾아낸 아동·청소년의 강점을 이야기해주는 것도 좋다. 힘든 점이 모두 없어지지는 않았더라도, 아동·청소년의 노력 덕분에 많이 호전되었고 치료를 통해 향상된 대처 기술과 자기 조절력 등을 발휘하면서 앞으로 더 나아질 것이라는 격려를 해준다.

■ 때때로 아동·청소년들은 외상과 관련한 증상들이 객관적으로 상당 부분 호전되었음에도 불구하고, 자기보고 설문지에서는 이와 반대되는 결과를 보고하기도 한다. 이는 여러 가지로 해석할 수 있다. 우선, 치료 초기에 아동·청소년들이 자신의 증상을 부인하거나 긍정적으로 보이려는 욕구 때문에

과소 보고했을 가능성이 있다. 또는 치료 과정에서 자신의 내적 감정 상태를 자각하고 인식하는 능력이 향상되어 이러한 감정들을 보다 과장되게 표현했을 가능성도 있다. 따라서 상담자는 이러한 결과의 의미와 가능한 원인을 해석하여 부모와 나눌 필요가 있다. 다시 말해 상담자는 아동·청소년의 경향을 파악한 뒤, 부모가 이를 어떻게 해석하고 반응해야 할지 의논한다.

활동 4 | 축하 인사 및 마무리

> **준비물** 종결 축하 상장/수료증(선택), 간단한 다과(선택)

■ 치료 과정을 잘 마쳐서 보다 안정되고 성장한 아동·청소년에게 축하 인사와 고마움을 전한다. 이때 종결을 축하하고 기념한다는 문구가 적힌 상장이나 수료증을 수여할 수 있다. 간단한 다과를 준비하여 즐겁고 편안한 분위기에서 종결의 의미를 나누는 것도 좋다.

■ 치료 종결에 대한 상담자와 아동·청소년 각자의 느낌을 공유한다. 아동·청소년이 느끼는 걱정과 상실감, 서운함 등에 대해 공감해주고, 치료 종결이 새로운 시작이 될 수 있다는 점을 말해주며 응원한다.

■ 추수 상담이 가능하다면 이에 대해 설명한 뒤, 추수 상담 계획을 잡고 회기를 마무리한다.

■ 외상과 관련된 증상은 호전되었으나, 그 외에 아동·청소년에게 다른 어려움(예: 학습 장애, 또래관계 기술 부족, 주의력 문제, 애착 문제, 섭식 문제)이 남아 있다면 아동·청소년 및 보호자(부모)와 상의한 후 적절한 기관에 연계하거나 추후 다른 방식의 치료가 필요하다는 사실을 설명한다.

- 아이의 치료 과정을 정리하여 설명하는 시간을 갖고, 달라지거나 나아진 행동 등 아이의 호전된 모습에 대해 이야기를 나눈다. 또한 지금은 회복이 되었다고 할지라도 유사한 자극에 의해 불편감이 촉발될 소지가 있다는 점을 설명한다. 앞으로 아이가 보일 수 있는 행동들을 예상해보고, 어떻게 대처해야 할지 이야기해본다.

> "우선 자녀의 행동을 지켜보시고 아이의 감정에 공감하는 반응을 해주세요. 치료실에서 배운 안정화 기술, 안전계획을 떠올려 같이 연습해볼 수도 있어요. 시간이 지나도 나아지지 않는다면, 상담기관을 재방문하시는 것도 방법입니다."

- 아동 및 보호자와의 추수 상담 일정을 잡는다. 전화로 근황을 확인하는 방법도 있으나, 가능하면 직접 만나 회기를 진행하는 것이 좋다. 외상과 관련된 증상 외에 아동·청소년에게 다른 어려움이 있다면, 보호자에게 아동의 상태 및 치료의 필요성에 대해 설명하고, 적절한 기관에 연계하거나 아동에게 필요한 다른 치료 방법에 대해 안내한다.

활동 6(선택) | **통합회기의 진행**

- 부모-자녀 통합회기는 아동·청소년이 동의할 때 실시한다. 통합회기를 진행하기로 결정했다면 아동·청소년이 보호자에게 전하고 싶었던 메시지를 준비해오게 한다. 필요한 경우 보호자를 치료실로 초대하기 전에, 아동·청소년과 상담자가 함께 이야기를 나누어본 다음 메시지를 적게 할 수도 있다.

- 외상 사건 당시에는 보호자도 혼란스러운 상태였기 때문에 자녀에게 상처가 되는 말과 행동을 했을 수 있다. 이 회기를 통해 자녀에게 미안한 마음, 아쉽거나 안타까운 마음을 전달할 수 있다. 통합회기를 갖기 전, 보호자에게 이 회기의 목적과 내용에 대해 설명해주고, 아동·청소년에게 전할 편지나 메시지 등을 미리 준비하여 아동·청소년 앞에서 읽게 하는 것도 방법이 될 수 있다.

- 상담자는 전체 치료 과정을 정리하고, 사고, 행동, 정서 등에서 처음에 비해 변화된 아동·청소년의 모습이나 치료 목표의 달성 정도, 현재 상태에 대해 설명한다. 그런 다음 보호자와 함께 치료 호전도 평가를 실시한다.

- 아동·청소년이 준비한 자신의 외상 이야기를 보호자에게 읽어주는 시간을 갖는다. 이후 이 외상 이야기에 대해 아동·청소년과 보호자가 각자 자신의 소감을 이야기한다. 그리고 보호자가 미리 준비한 편지를 읽어주면서 그동안 미처 다 알지 못했던 서로의 마음과 어려움에 대해 헤아려볼 수 있는 시간을 갖는다.

- 아동·청소년이 자신의 노력으로 여러 어려움들을 극복해낸 과정에 대해 보호자가 격려하고 칭찬할 수 있도록 안내한다. 또한 보호자는 아이가 가진 자원, 앞으로 더 성장할 아이의 모습 등에 대해서도 칭찬과 격려를 해준다.

보호자 프로그램 지침서

1

보호자 모듈 ①
외상에 대한 이해

보호자가 외상에 대해 이해하는 것은 외상 후 아동의 반응에 대한 이해를 촉진하여, 보호자와 아동 모두를 보다 안정적인 상태로 만드는 데 도움을 준다. 이 모듈에서는 보호자가 이야기하는 아동의 주 호소 증상을 파악하고, 아동의 현재 상태가 외상 후 흔히 나타나는 반응이라는 점을 타당화한다. 보호자는 외상 증상들의 신경·생리적 원리를 배움으로써 아동이 현재 겪고 있는 어려움을 이해하고, 혹시 아동이 잘못된 것은 아닐까 하는 두려움과 염려에서 벗어나 회복에 대한 기대를 가질 수 있다. 아울러 보호자 역시 아동의 외상 경험으로 인해 외상 후 증상을 보일 수 있음에 대해서도 이해하도록 한다.

진행 원리

01 **아동·청소년의 증상에 초점을 맞추어 주 호소 문제를 파악한다.**
보호자가 아동의 주 호소 문제를 이야기할 때, 증상보다 일어난 사건에 초점을 맞추는 경우가 많다. 사건에 대해 자세히 묘사하기보다는 아동이 현재 보이는 정서와 행동상의 문제에 초점을 맞출 수 있도록 안내한다.

02 **보호자의 외상 증상이 심각할 때는 개별적인 치료를 받을 수 있도록 권고한다.**
아동의 외상 경험에 대한 반응으로, 보호자 자신이 PTSD 진단이 요구될 정도로 고통감을 호소하기도 한다. 이는 보호자의 과거력이나 기질과 자원, 정서를 다루는 능력 등과 관련될 수 있다. 이를 보호자 교육 시간에 다루는 데는 한계가 있으므로, 보호자 증상에 대한 심각도를 평가하여 필요한 경우 개별적인 치료를 권한다.

03 아동·청소년의 행동 문제가 이슈가 되는 경우, 추가적인 보호자 회기를 계획할 수 있다. 보호자가 외상에 대해 이해한다 하더라도, 아동의 행동 문제와 훈육이 이슈가 될 수 있다. 우선 아동의 정서에 대한 공감적인 태도를 강조하되, 문제행동에 대한 승인이나 규칙의 부재를 구별할 수 있도록 설명한다. 이러한 설명만으로 충분하지 않다면 아동의 행동 문제와 관련된 추가적인 상담을 계획한다.

- 보호자를 통해 현재 아동의 주 호소 문제를 확인하고 초기면담(진료) 및 평가 이후의 호전 정도를 파악한다. 아동이 보고한 주 호소 문제와 보호자가 보고한 주 호소 문제가 다른 경우, 보호자가 관찰한 바에 대해 확인하고 문제가 시작된 시점을 알아볼 필요가 있다.

- 아동의 문제에 대해 보호자가 어떻게 대처하고 있었는지 탐색한다. 이는 향후 보호자 교육의 방향을 결정하는 데 도움이 된다. 특히 호전되거나 악화된 증상이 있는지 살펴보고, 이러한 증상 변화가 보호자의 대처나 주변 반응들과 관련이 있는지 탐색한다. 이를 통해 보호자가 자신의 행동을 스스로 이해하고 자각하도록 도울 수 있다.

- 아동의 문제에 대한 보호자의 모든 대처에 관해 교육할 필요는 없다. 다만 보호자가 지나치게 죄책감을 느끼며 위축되어 있거나 분노하고 있는 경우에는 보호자의 정서적 안정이 가져다주는 보호적 효과에 대해 이야기해준다. 현재 보호자가 겪고 있는 정서조절의 어려움에 공감을 표현하되, 잘했던 대처가 있다면 작은 부분이라도 칭찬하고 격려하는 것이 보호자와의 신뢰관계 형성에 도움이 된다. 보호자의 정서조절과 관련해서는 세 번째 모듈에서 자세히 다루고 있다.

- 때로 아동의 훈육에 대해 보호자와 이야기를 나눌 수 있다. 외상 사건 이후 아동이 해야 할 일을 하지 않거나 하지 말아야 할 일을 하는 등의 행동 문제를 보일 때 보호자가 '사건 후 힘들어서 그렇다'고 가볍게 여기거나, 반대로 과도한 죄책감을 느끼며 방임하는 경우가 많다. 아동의 정서에 대한 이해와 공감이 중요함을 강조하는 동시에, 아동의 행동 문제에 대해서는 보호자 자신의 정서를 조절하며 적절히 훈육할 필요가 있다는 점을 설명해준다.

■ 외상 사건을 겪은 보호자들은 다음과 같은 문제들을 언급하곤 한다. 이에 대해서는 '부록: 보호자가 흔히 하는 질문들'을 참고할 수 있다.

> 보호자가 언급하는 문제들
> - 과도한 죄책감
> - 외상 사건에 대한 불편감(생각하고 싶지 않음, 회피)
> - 본인의 정서가 잘 조절되지 않고 우울함
> - 아동이 괜찮은지를 확인하는 방법에 대한 의문
> - 아동이 외상과 관련된 주제를 언급할 때의 대처
> - 아동의 외상 증상에 대한 대처, 특히 이전보다 과민하게 반응하거나 반항적·공격적으로 행동할 때의 훈육

절차 2 │ 외상 이해하기

1) PTSD 증상 이해하기

■ 보호자에게 PTSD의 전형적인 증상에 대한 심리교육을 진행한다.[보호자 워크시트 01] 아동에게 교육했던 것과 마찬가지로 과각성, 침습적 재경험, 회피에 초점을 두어 설명하되, 회피가 외상 경험의 처리를 방해하는 요인이 될 수 있음을 설명한다. 또한 개인의 기질과 자원, 사건의 심각성, 사건 이후 주변의 지지 등에 따라 증상의 심각도가 달라질 수 있고, 회복 기간 역시 상이하다는 점에 대해서도 설명한다.

■ 현재 아동이 보이는 문제들은 외상을 경험한 사람들이 흔히 겪는 자연스러운 반응임을 알 수 있도록 한다. 외상을 경험한 사람들 대부분이 외상 후 증상을 겪으며, 그중 15~30퍼센트가 PTSD를 진단받는다는 점을 알려준다.

2) 외상 후 증상과 신경·생리적 원리 이해하기

- 아동이 보이는 정서나 표현 방식이 이전과 달라진 부분이 있다면 외상의 영향일 수 있음을 설명한다. 외상 사건을 겪은 아동은 안전/위험에 대한 감각 또는 신념이 무너지거나, 외상과 관련된 여러 단서들에 쉽게 긴장하여 정서 조절의 어려움이 나타날 수 있다. 이로 인해 위험한 일을 겪으면 시간이 지난 이후에도 적응하기 어렵다는 점을 설명하며, 여러 가지 외상 관련 증상을 소개한다.[보호자 워크시트 02]

- 필요하다면 외상 후 증상의 신경·생리적 원리를 부연해줄 수 있다. 과민해진 편도체가 여러 외상 관련 자극들에 대해 계속 경계 신호를 보내면, 지나간 사건에 대해서도 정서적 각성이 지속되거나 중립적 자극에까지 각성 반응이 확산될 수 있다. 이렇듯 주변의 자극에 민감해진 아동은 다른 곳에 사용할 에너지가 부족해져 정서조절이나 일상생활에 곤란을 겪을 수 있음을 설명한다.

- 아동의 해리 관련 증상에 대해서는 감당하기 어려운 느낌으로부터 스스로를 차단하기 위해, 멍해지거나 공상에 잠기고 고통과 정서에 둔감해지는 모습이 나타나는 것이라고 설명할 수 있다.[보호자 워크시트 03]

절차 3 | 아동의 외상 후 증상 이해하기

- 보호자가 보고한 아동의 주 호소 문제들이 외상과 얼마나 관련 있다고 생각하는지 함께 확인한다. 상담자가 보기에 외상과 관련된 증상임에도 보호자가 알아채지 못하고 있을 가능성도 있고, 이전부터 존재하던 문제가 외상으로 인해 악화된 경우일 수도 있다. 반대로, 어떤 보호자들은 아동의 '모든 문

제'가 외상 후에 발생했다고 생각하기도 한다. 따라서 외상 후에 아동·청소년에게 어떤 변화가 생겼는지, 어떤 문제가 심해졌는지 등을 면밀하게 탐색할 필요가 있다.

■ 아동마다 외상을 상기시키는 단서가 다를 수 있다. 그러므로 아동의 현재 감정 상태가 어떠한지, '사이렌'을 울리게 하는 촉발요인이 무엇인지 등을 파악할 수 있는 단서들을 찾아보게 한다. 이를 위해 상담자는 아동의 감정과 촉발요인들에 대해 보호자가 일주일간 관찰해오도록 할 수 있다.

■ 무엇보다 중요한 것은 아동의 현재 정서와 행동에 대한 이해를 전달하는 것이다. 아울러 치료 과정을 통해 나아질 수 있다는 점을 설명하며 희망을 고취하는 것도 필요하다.

절차 4 │ 치료에 대한 기대를 파악하고 목표 설정하기

■ 치료에 대한 보호자의 기대를 파악하고, 본 치료 프로그램은 아동의 외상과 관련된 문제에 초점을 맞춰 진행된다고 설명한다. 외상 후 발생했거나 악화된 증상을 중심으로 치료 목표를 설정하고 합의한다.

■ 치료는 요술 지팡이 같은 것이 아니며, 회복 과정에서 보호자의 협조와 양육 태도가 중요함을 강조한다. 또한 외상 이전부터 가지고 있던 문제들에 대해서는 본 프로그램이 종결된 뒤 평가 결과에 따라 추가적인 상담이 필요할 수도 있다고 설명한다.

- 이번 모듈은 보호자와 개별적으로 진행하는 첫 번째 회기이므로, 보호자에게 아동·청소년 상담의 비밀 보장 및 한계에 대해 강조한다.

- 대부분의 보호자들은 치료 회기 동안 아동이 한 말과 행동에 대해 알고자 하며, 이를 상담자에게 묻곤 한다. 상담자는 아동 역시 독립된 인격체로서 존중받아야 하므로, 그들이 허용한 범위 내에서만 상담내용을 공유할 것임을 설명한다. 단, 치료 중 아동이 스스로에게 해를 끼치거나(예: 자해, 자살 시도 계획) 타인을 위험에 빠뜨릴 수 있다는 사실을 알게 된 경우에 한해서는 상담내용을 공개할 것이라고 말해준다.

- 때로 보호자는 상담자에게 묻는 대신 아동에게 직접 물어보기도 한다. 따라서 상담자뿐 아니라 아동에게도 치료 내용에 대해 묻지 않을 것을 당부한다. 이러한 비밀 보장의 원칙이 지켜져야 아동이 안전한 마음으로 치료에 적극적으로 참여할 수 있다고 안내하는 것이 좋다. 자세한 안내 내용은 워크시트에서 다루었다.[보호자 워크시트 04]

2

보호자 모듈 ②
치료 원리와 과정에 대한 이해

이 모듈에서는 외상의 치료 원리와 과정에 대해 보호자가 이해할 수 있도록 전반적인 치료 과정을 설명한다. 이는 보호자가 치료의 진행 과정을 믿고 조바심을 내지 않을 수 있게 돕는다. 특히 안정화에서 내러티브 노출로 이어지는 치료 과정을 이해하도록 하는 것이 중요하다. 외상을 촉발하는 자극들을 피하는 대신 노출을 해야 하는 이유를 충분히 설명하며 보호자를 안심시킨다. 노출치료에 들어설 때 아동·청소년이 보일 수 있는 정서 반응들을 미리 알려주어 당황하지 않도록 돕는 것 역시 보호자와의 신뢰 형성에 도움이 된다.

진행 원리

01 **전체 치료 과정을 설명하고, 회기 수는 유연하게 조정될 수 있음을 안내한다.**
전체 치료 과정이 어떻게 진행되는지 설명한다. 이때 각 회기의 진행은 아동·청소년의 상태에 맞추어 조절해나가기 때문에 예정된 회기 수가 변경될 수 있음을 안내한다. 그래야 향후 치료 일정을 원만하게 조율할 수 있다.

02 **내러티브 노출치료의 원리를 이해하도록 한다.**
당사자인 아동·청소년보다 보호자가 "아동이 사건에 대해 잊고 살았으면 좋겠다", "이제 처음보다 괜찮아진 것 같은데 굳이 꺼내서 이야기해야만 하는가" 등의 걱정과 우려를 표현하는 경우가 많다. 아동·청소년 역시 이러한 보호자의 태도에 영향을 받기 때문에, 보호자가 노출치료의 원리에 대해 잘 이해하는 것이 중요하다.

03 노출 회기에 대해 예상할 수 있도록 돕는다.

치료 과정 및 노출의 원리에 대해 설명했다 하더라도 보호자는 노출치료와 관련하여 우려와 불안을 느낄 수 있다. 노출과 더불어 정서조절을 하며, 아동의 상태를 보면서 노출 속도를 조절해나간다는 점을 알려주어 보호자의 불안을 감소시킨다. 또한 노출 회기를 진행할 때 아동이 일시적으로 후퇴하는듯한 모습을 보일 수 있다는 점을 충분히 설명하여, 향후에 있을 일들을 예상할 수 있게 한다.

전체 치료 과정 설명하기

- 보호자에게 전반적인 치료 과정에 대해 설명한다. 외상과 관련하여 아동이 보이는 신체적·정서적 각성 혹은 해리를 조절하기 위한 정서 인지와 표현 및 안정화 기술 습득이 선행되며, 이후에는 내러티브 노출을 통해 아동이 외상 기억과 관련된 정서 및 생각을 처리할 수 있도록 한다는 점을 이야기한다. 내러티브 노출 이후에는 아동이 자신의 미래에 대한 긍정적인 상을 그려보고, 현실적인 위험 요소들에 더 잘 대처할 수 있도록 실질적인 계획을 세워보는 활동을 하게 된다고 설명한다.[보호자 워크시트 05]

절차 2 **노출치료의 원리 안내하기**

- 노출에 초점을 두어 치료 원리를 자세히 설명한다. 안정화 기술을 사용하면 각성되거나 긴장되고 압도된 상태를 조절할 수 있고, 이것만으로도 아동이 일상적인 활동에 보다 잘 참여하게 되는 효과가 있다. 그래서 안정화가 노출치료보다 선행되지만, 안정화 기술만으로는 작은 단서들에도 쉽게 반응하게 만드는 외상 사건의 기억에서 벗어날 수 없다. 이를 보호자에게 설명하여 장기적으로는 외상 기억을 처리하는 것이 중요하다는 점을 이해하게 한다. 특히 외상을 생각나게 하는 단서들을 계속 피할 경우, 뇌의 회로가 외상과 불안·각성 반응 간의 연합을 유지시킨다는 부분을 강조하여 교육할 필요가 있다. 따라서 외상 사건이 '이미 지나간 일'이라는 것을 알고, 더 이상 무서워하거나 압도당하지 않도록 노출치료를 통해 연습하는 것이 치료 과정에서 핵심적이고 중요한 작업임을 설명한다.[보호자 워크시트 06]

- 보호자가 치료 원리에 대한 설명을 들은 뒤에도 노출치료에 불안감을 표할

수 있다. 상담자는 아동이 견딜 수 있는 범위 내에서 안정화와 함께 진행해 나갈 것이라는 점을 설명하며 안심시킨다.

"속상하거나 힘들었던 일에 대해 얘기하는 건 어려운 일이고, 잘 지내고 있는듯한 아이에게 괜히 사건을 상기시켰다가 폭풍이 몰아칠지 모른다는 생각에 두려울 수 있습니다. 사건에 대해 끄집어내지 않고 놔둬도 잊을 수 있고 괜찮아질 수 있다면 그냥 두는 것도 한 가지 방법이 될 수는 있지요. 하지만 넘어져서 무릎에 상처가 났다고 가정해볼까요. 별로 아프지 않고 시간이 지나면 저절로 낫는 상처도 있겠지만, 너무 깊은 상처들은 못 본 체하고 내버려 두려고 해도 계속 아프고 따끔거려서 자꾸 신경 쓰일 수 있습니다. 이런 상처들은 잊어버리려고 옷으로 가리고 덮을수록 세균이 그 안에 들어가 곪으면서 더 크게 덧납니다. 그러니 좀 겁나고 아프겠지만 용기를 내서 상처를 잘 살펴보고, 곪았다면 고름을 짜내고, 덧나지 않도록 소독을 하고 약을 발라줘야 하겠지요. 아이와 하려는 '노출치료'는 마치 무릎에 난 깊은 상처를 치료하는 것과 같습니다. 모른 척 놔두려고 해도 계속 힘들고 신경 쓰이게 하는 무섭고 힘든 기억을 잘 살펴보고, 생각과 감정들에 대해 이야기를 나누면서 치료를 해나갈 겁니다. 그렇지만 상처를 씻고 소독할 때와 마찬가지로 너무 세게 또는 너무 빨리 문지르면 조심스럽게 할 때보다 더 많이 아플 수 있기 때문에, 아이의 속도에 맞춰서 천천히 진행할 예정입니다. 그래서 생각보다 회기가 길어질 수도 있답니다."

절차 3 | 노출에 대해 준비하기

- 노출치료를 시작하면 일시적으로 증상이 악화될 수 있으나, 노출을 진행해 나가면서 결국 나아질 것이라는 점을 미리 알려준다. 이는 향후 보호자가 전체 치료 과정을 이해하고 감당하는 데 도움이 되기 때문에 매우 중요하다.

- 예를 들어 어떤 아동들은 노출에 따른 재경험으로 인해 집에서 짜증을 더 많이 내거나 보호자에게 의존하고 분리불안을 보이는 등 퇴행행동이 나타날 수 있다. 또는 노출 회기가 시작된 후 치료실에 오기를 거부하거나 치료를 부담스러워하는 아동들도 있다. 이와 같은 특성들은 노출치료 기간에 나타날 수 있는 자연스러운 반응이라는 점을 설명해주고, 이것이 치료의 한 과정임을 이해하게 한다. 즉, 일시적인 증상 악화에도 불구하고 인내를 가지고 치료를 진행해나가면 괜찮아질 것이라고 믿고, 보호자가 그 과정을 함께 해나갈 수 있도록 돕는다.

⌣⁺ TIP
_____

노출 회기에서 보호자가 아이의 고통을 호소한다면?
노출 단계에서 정서적으로 힘들어하는 아동을 옆에서 지켜보면서 보호자는 어떤 생각과 감정들을 느꼈는지 이야기를 나누어 본다. 보호자 역시 외상 단서들에 노출할 준비가 되었는지 같이 점검해본다.

- -

절차 4 | **보호자 참여의 중요성 당부하기**

- 보호자가 치료의 전 과정을 이해하고 함께 참여해주어야 한다는 점을 당부한다. 아동에게 가장 중요한 자원이 보호자라는 사실을 상기하며 격려하고, 보호자의 노력과 어려움을 지지한다.

- 때로 배우자에게 아동의 외상 사건을 숨기거나, 한쪽 배우자가 치료에 비협조적인 태도를 보이는 경우가 있다. 이러한 상황은 아동·청소년의 회복과 보호자의 정서조절을 저해할 수 있다. 따라서 부모 간에 아동의 증상을 바라보는 시각과 대처 방법에 대한 의견이 일치하는지 확인하고, 서로 다른 부분을 탐색하는 것이 도움이 된다.

보호자 모듈 ③

보호자 자신의 정서조절

보호자는 외상을 경험한 아동에게 지속적인 지지와 돌봄을 제공할 수 있는 가장 중요한 자원이다. 그러나 보호자 역시 사건으로 인한 충격과 정서적 어려움을 겪기 때문에 적절하게 대응하는 것이 어려울 수 있다. 예를 들어 보호자가 자신과 아동을 동일시하는 경우, 아동보다 더 심한 정서적 고통과 부정적인 정서에 압도되기도 한다. 또한 아동의 외상과 관련하여 보호자도 외상 후 증상을 경험할 수 있다. 이 모듈에서는 외상과 관련하여 보호자가 느낄 수 있는 복잡한 감정들을 타당화하고, 보호자의 정서가 아동의 회복에 미칠 수 있는 영향력에 대해 살펴본다. 또한 보호자 스스로 자신의 마음을 안정시키고 스트레스를 조절하는 방법을 배울 수 있도록 한다.

> **진행 원리**

01 이 모듈은 아동·청소년이 안정화 기술 모듈('몸도 마음도 휴')에 들어갈 무렵에 진행하는 것이 적절하다.

아동과 보호자가 비슷한 시기에 안정화 작업의 원리를 이해하고 습득하면, 가정에서 안정화 기술들을 함께 연습할 수 있다. 이를 통해 보호자가 아동의 정서조절 기술 습득과 안정화를 지지하고 격려할 수 있다.

02 아동·청소년 프로그램의 정서조절 기술 중 일부를 선택해 배우게 한다.

보호자에게 아동·청소년 프로그램에서 소개한 정서조절 기술에 대해 전체적으로 설명한 뒤, 보호자의 상태와 선호도에 따라 한두 가지 방법을 선택해 다룰 수 있게 하는 것이 효과적이다. 이를 위해 연습이 더 필요하다고 판단된다면 보호자 회기를 한 회기 더 연장하여 진행해도 된다.

03 **전문적인 개입이 필요한 경우 보호자에게 치료를 권유한다.**

보호자는 시간이 지남에 따라 정서적 반응이 점차 안정되고, 조금씩 현실에 맞는 대처 방안을 강구할 수 있게 된다. 그러나 때로는 혼란감이나 우울감 같은 정서 문제가 지속될 수 있다. 예를 들어 보호자 자신이 우울증이나 공황장애 등의 병력이 있는 경우, 과거에 보호자가 아동의 외상과 유사한 외상 사건을 겪었을 경우, 혹은 성폭력 외상 등에서 가해자가 친족인 경우에 취약할 수 있다. 이러한 경우에는 보호자의 정서를 잘 관찰하며 보호자 교육을 하되, 전문적인 치료를 적극적으로 권고해야 한다. 이 모듈의 목표는 보호자가 자신의 정서적 안정이 중요하다는 것을 인식하고 이를 위한 간단한 기술들을 배우는 심리교육이므로, 보호자에 대한 개인 상담이 되지 않도록 주의한다.

■ 보호자는 분노, 죄책감, 좌절감, 수치심, 아동에 대한 실망 등 외상과 관련하여 다양한 감정과 양가감정을 경험하며 고통스러워할 수 있다. 상담자는 보호자가 느끼는 이러한 복잡한 감정을 자연스러운 현상으로 타당화해준다.

■ 아동의 외상과 관련하여 보호자는 "내가 더 잘 보호했어야 하는데 다 내 탓이다", "그렇게 조심을 시켰건만 아이가 잘못했다" 등의 생각과 고정관념을 드러내곤 한다. 보호자의 죄책감에 공감하되 보호자나 아동이 모든 위험을 막을 수는 없다는 점, 현재의 위기를 함께 헤쳐나가고 있다는 점, 미래의 행복한 모습이 더 중요하다는 점을 강조한다.

■ 보호자가 아동의 외상을 매우 가까운 거리에서 목격했다면 보호자의 정서적 고통이 심각할 것이다. 꼭 이러한 경우가 아니더라도 아동의 외상 사건은 그 자체로 보호자에게 외상적일 수 있다. 그러므로 보호자 역시 외상 관련 반응을 보이거나 이전의 외상적 경험이 떠오를 수 있음을 설명한다. 만약 보호자가 이러한 증상으로 심하게 괴로워한다면 개별적인 치료적 개입을 권한다. 보호자의 정서적 안정이 아동의 회복에 매우 중요한 요소임을 다시 한번 강조한다.

■ 보호자가 아동의 정서적 표현을 수용하고 지지하는 것의 중요성을 설명한다. 아동·청소년은 스스로 감당하기 어려운 감정들을 느낄 때 보호자를 통해 진정되기를 원한다. 보호자가 아동의 감정을 헤아리고 공감하는 것, 아동이 자신의 생각과 기분을 표현할 수 있도록 옆에서 버텨주는 것, 특히 보호

자가 안정감을 갖고 아동과 상호작용하는 것이 매우 중요하다.

■ 단, 보호자가 아동의 행동과 정서에 대해 충분히 이해하지 못한 상태에서 섣불리 아동을 위로하면 오히려 부작용을 야기할 수 있다. 그렇기에 아동이 자신의 정서와 욕구 등을 표현할 수 있도록 안전하고 지지적인 태도로 기다려주는 것이 도움이 된다. 청소년의 경우 혼자만의 시간이 필요할 수도 있는데, 이때 보호자가 아이의 상태를 관심 있게 살펴보되 아이의 욕구를 존중하며 충분히 기다려주는 태도가 필요하다.

> "아이가 자신의 정서를 이야기하고, 그것을 이해받고 지지받는 과정은 치유에 있어 무척 중요한 부분입니다. 자신이 겪은 충격적인 일에 대해 이해하고자 하는 보호자의 모습을 보는 것만으로도 아이는 많은 위안을 받는답니다. 아이가 정서를 표현하면 지지적으로 받아주시되, 먼저 이야기를 꺼내지 않으면 마음을 표현할 때까지 기다려주고 존중해주세요."

■ 보호자가 현재 아동의 정서에 어떻게 반응하고 있는지 물어보고, 어려운 점에 대해 탐색한다. 보호자는 '화나 슬픔은 겉으로 드러내면 안 되는 감정이다', '미워하면서 동시에 미안할 수는 없다'와 같이 정서와 관련된 왜곡된 사고를 하고 있는 경우가 있으므로 그러한 부분에 주목한다. 옳은 감정과 옳지 않은 감정은 없으며, 조금 더 대처하기 쉬운 감정과 어려운 감정만이 있을 뿐이라는 점을 보호자 역시 이해할 수 있게 한다.

■ 때로 보호자가 죄책감이나 외상 후 증상으로 인해 아동에게 적절하게 반응하기 어려울 수 있다. 보호자의 정서에 공감을 표현하되, 보호자가 자신의 정서를 조절하고 담담한 모습을 보여주는 것의 중요성에 대해 다시금 설명한다.

■ 아동이 자신의 외상과 관련된 주제를 꺼냈을 때 보호자가 화를 참지 못하고

폭발하거나 슬픔과 놀람을 주체하지 못하는 등 정서적인 반응을 크게 하는 경우, 아동은 외상에 대해 이야기하는 것을 피하게 된다. 아동은 자기중심성을 가지고 있으므로 자신의 잘못으로 인해 보호자가 그러한 정서적 반응을 보였다고 생각할 가능성이 높다. 또한 성폭력과 같이 가해자가 분명한 외상 사건에서조차 자신이 가해자에게 동조한 것이라고 여겨 죄책감에 시달리고 있다면, 보호자의 정서적 반응이 자신을 비난하는 것이라고 느낄 수도 있다. 이에 더해 아동은 보호자의 반응을 따라 하는 경향이 있기 때문에, 자신의 진짜 정서를 숨긴 채 보호자의 반응을 따라 하는 모습을 보일 수 있다.

- 따라서 보호자가 아동의 정서를 담담하게 수용하고 지지해주며 아동 앞에서 감정적으로 흥분하지 않는 모습을 보이는 것이 필요하며, 이를 위해서는 보호자의 정서조절이 중요하다는 점을 강조한다. 또한 보호자가 안정화 기술을 통해 스스로 감정을 조절하려는 모습을 보이는 것은 아동이 정서조절을 모델링할 수 있는 기회가 되기도 한다. 나아가 상담자는 아동이 자신의 외상에 대해 이야기할 때 보호자가 해주면 좋은 반응들과 해서는 안 되는 반응들을 이해할 수 있도록 워크시트를 제공할 수 있다.[보호자 워크시트 07]

절차 3 | 정서조절 기술 알아보기

1) 스트레스 대처 방법

- 그동안 보호자가 스트레스에 어떻게 대처해왔는지 탐색한다. 개인의 성향과 처한 환경 등에 따라 적절한 대처 방법이 다르기 때문에 보호자에게 맞는 방법들을 찾아본다. 이미 좋은 대처 방법들을 가지고 있다면, 이를 잘 사용할 수 있도록 격려한다.

■ 스트레스 대처 방법 중 하나로 기분이 좋아지는 활동을 찾아보는 것도 도움이 된다.[보호자 워크시트 08] 일상에서 긍정적인 정서를 느끼고 부정적인 감정과 생각을 해소할 수 있는 활동을 찾아본다.

2) 신체에 기반한 정서조절

■ 몸과 마음이 연결되어 있다는 것을 설명한다. 적절하게 처리되지 않은 감정들이 신체적인 증상(예: 두통, 식욕부진, 근육통, 속 쓰림, 소화불량, 불면증)으로 나타날 수 있다는 점을 교육하고, 신체 증상을 조절하는 것이 마음을 안정시키는 데 도움이 될 수 있음을 알려준다.

■ 보호자에게 나타나는 신체적 증상이 있는지, 어떤 부분의 근육들이 긴장되어 있는지 확인한다. 심호흡, 긴장-이완 훈련, 안전지대 심상 훈련 등 신체에 기반한 정서조절 기술들을 소개한다.[보호자 워크시트 09]

■ 안정화 모듈에서 아동이 편안해했던 것이 있다면 그에 대해 설명한다. 가정에서도 아동과 보호자가 함께 연습하고 사용할 수 있도록 독려한다.

3) 사고에 기반한 정서조절

■ 사건에 대해 생각하고 해석하는 것이 사건과 관련된 정서를 변화시킬 수 있다는 점을 설명한다.

"어떤 상황이 발생했을 때, 우리는 그 상황 때문에 어떠한 감정이 생겨났다고 생각하기 쉽습니다. 어떤 상황은 그 자체로 우리를 힘들게 할 수도, 혹은 기분 좋게 만들 수도 있습니다. 예를 들어 바다에 놀러 가면 그 자체로 상쾌한 기분이 들고, 어둠 속에서 누군가가 갑자기 튀어나오면 그 자체로 놀라게 되지요. 그러나 많은 경우에, 우리의 감정은 상황 그 자체보다는 그

■ 자신에게 일어난 상황을 어떻게 해석하는지에 따라 유발되는 감정이 달라
질 수 있고, 그렇기에 생각을 바꾸면 감정도 바뀔 수 있다는 점을 설명한다.
워크시트를 활용하여 보호자가 자신의 부정적이고 왜곡된 사고에 따라오는
감정을 확인해보게 한다.[보호자 워크시트 10]

"우선 내가 떠올린 것이 상황 그 자체인지, 내 생각과 해석인지를 분리해보
는 것이 필요합니다. 사실적인 상황과 내가 생각하고 해석한 상황이 다를
수 있겠지요. 그리고 두 번째로는 내 생각과 해석이 어떤 감정을 따라오게
하는지를 생각해볼 수 있습니다."

■ 보호자의 생각과 감정, 행동이 아동에게 어떤 영향을 줄 수 있을지 생각해
보게 한다. 또한 보호자 자신과 비슷한 생각을 하고 있는 타인에게 어떤 조
언을 해줄 수 있을지 생각해보고 워크시트에 적어보도록 한다.[보호자 워크시
트 11] 아동이 경험한 사건을 떠올릴 때 따라오는 감정이나 생각에서 잠시 거
리를 두고 상황을 바라보는 것 역시 보호자의 정서를 환기하고 조절하는 데
도움이 될 수 있다.

절차 4 | 과제 부여하기

■ 보호자가 자신의 정서를 관찰하고 정서조절 활동을 할 수 있도록 과제를
준다.

부록 보호자가 흔히 하는 질문들

첫 번째 │ 증상 대처의 어려움

Q1. 반항적인 행동을 보여요.

■ 외상을 경험한 아동은 분노, 불안, 두려움, 원망, 죄책감, 수치심 등 복잡하고 불쾌한 정서에 휩싸일 가능성이 큽니다. 해소되지 않는 감정들 때문에 사소한 일에도 쉽게 예민해지거나, 반항적인 태도로 갑자기 분노를 표출하는 모습을 보일 수 있지요. 또한 주변 환경 및 대인관계에 대한 신뢰와 안전감이 무너졌을 수 있기 때문에 타인에게 적대적이고 예민한 언행을 나타낼 수도 있습니다. 이는 모두 외상과 관련하여 나타날 수 있는 인지적, 정서적, 행동적 반응들입니다.

■ 그러나 아이가 주변과 상호작용하는 방식이 공격적으로 고착되지 않도록 훈육하는 것이 필요합니다. 아이의 분노, 불안, 수치심 등 내면의 부정적인 감정들에 대해서는 가능한 한 공감하고 헤아려주세요. 그리고 부정적인 감정이 올라왔을 때 이를 해소할 수 있도록 치료실에서 배웠던 안정화 기술들(예: 심호흡, 긴장-이완 훈련, 안전지대 심상 훈련)을 상기시켜주거나, 활동적인 놀이를 하면서 에너지를 방출할 수 있게 도와주세요. 중요한 것은 보호자가 아이의 부정적 감정에 공감해주되, 공격적인 행동은 허용하지 않는 일관적인 태도를 취하는 것입니다.

Q2. 자꾸 악몽을 꾸고 잠들기 어려워해요.

- 사람들은 크게 놀라거나 충격적인 외상 사건을 경험하고 난 뒤에 그 사건에 대한 기억이나 생각을 여러 경로로 재경험할 수 있는데, 꿈을 통해 재경험하는 경우도 흔합니다. 그리고 꼭 외상 사건 때문이 아니라 일상생활에서 받은 스트레스나 해소되지 않은 부정적인 감정들 때문에 악몽을 꾸게 될 수도 있습니다.

- 아동이 악몽에 대해 이야기할 수 있는지, 혹은 전혀 기억이 나지 않는지 물어봅니다. 아동이 악몽과 관련된 감정을 보호자와 나눈다면 부정적인 감정을 다소나마 해소할 수 있습니다.

- 아동이 악몽을 두려워하거나 잠들기 어려워할 경우, 침실 환경을 조금 더 편안하게 조성하는 것(예: 무드등 켜기, 인형을 옆에 두기)도 도움이 됩니다. 계속 잠이 오지 않는다면 침대에 억지로 누워있지 말고 잠시 일어나 긴장을 풀어주는 이완하기, 따뜻한 우유나 카페인이 없는 차 마시기 등을 하도록 안내해주세요. 이때 핸드폰이나 TV를 보지 말고 너무 밝은 곳으로 가지 않아야 합니다.

- 만일 잠자리에 누웠을 때 여러 걱정과 생각들이 자꾸 떠올라 힘들어한다면, 걱정을 밀어두는 습관을 들이도록 연습해봅니다. 예를 들면 걱정하고 있는 내용을 메모지에 간단하게 적은 뒤 작게 접어 "걱정은 이 안에 담아뒀다가 나중에 다시 생각하자"라고 말하면서 다른 곳에 두게끔 할 수 있습니다.

Q3. 말을 안 하고 입을 다물어요.

- 아이들은 불쾌하거나 감당하기 어려운 부정적인 감정을 회피하기 위해 말을 잘 하지 않을 수 있습니다. 실제로는 겁에 질려있거나 혼란스러운 상태

일 수 있으며, 심한 경우 정서적 자극을 차단하고 외면하고 있는 상태일 수도 있지요(Sunderland, 2001/2007). 무던하거나 냉정해 보이는 모습 뒤에 숨겨진 약하고 불안한 아이의 본래 마음을 파악해야 합니다.

■ 평소 가족끼리 감정이나 경험을 나누는 일이 별로 없었거나, 속마음을 이야기했을 때 지지받을 수 있다는 믿음을 갖지 못한 아이들은 더 말을 하지 않는 경향이 있습니다. 보호자가 아이에게 억지로 대답을 요구하거나 캐묻기보다는, 아이가 심리적으로 안전감을 되찾고 보호자를 믿고 의지할 수 있도록 따듯한 마음으로 기다려줄 필요가 있습니다. 아이의 잘못에서 비롯된 상황이 아니라는 것을 강조하면서, 앞으로 발생할 일 혹은 법적인 절차를 함께 해나갈 것이라고 안심시켜주는 것도 도움이 됩니다. 아이 앞에서 부정적인 감정을 솔직히 표현하는 동시에 이를 조절하는 모습을 보여주는 것도 좋습니다.

Q4. 사건에 대한 이야기를 꺼내요.

■ 아이들은 감당하기 어려운 기억이나 감정을 믿을만한 사람과 공유하고 위로받으면서 불편한 기분을 달래게 됩니다. 그러면서 차츰 스스로를 안정화시키고 감정을 조절해나가는 방법을 습득합니다. 따라서 사건에 대해 표현하고 이야기하는 것은 부정적 감정을 처리해나가는 과정에 있다는 긍정적인 신호이며, 보호자를 믿고 의지한다는 뜻이기도 합니다. 편하게 이야기할 수 있도록 담담하게 대해주고, 부정적 감정을 공감하고 수용해주는 것이 좋습니다.

■ 혹시 아이가 사건에 대해 이야기를 꺼내는 것이 불편하신가요? 어떤 보호자들은 아이가 사건에 대해 이야기하면 오히려 사건을 잊지 못하게 될까 봐 걱정하기도 하고, 혹은 보호자 자신이 가지고 있는 불편한 마음 때문에 외

상 사건과 관련된 이야기를 꺼리는 경우도 있습니다. 아이가 외상 사건을 이야기하고 표현하는 것이 좋은 신호라는 것을 인식한 후에도 불편한 마음이 계속된다면, 보호자 자신의 마음을 돌아보고 보살피는 시간을 가질 필요가 있습니다.

Q5. 평소에 놀 때는 멀쩡해 보이는데, 공부할 때만 사건과 관련된 생각이 난대요. 핑계 아닐까요?

■ 아이가 외상 증상을 핑계로 꼭 해야 할 일을 하지 않고 미루게 될까 봐 걱정되는 것이지요? 평소에 괜찮아 보였다면 더 그런 생각이 들 수 있습니다. 하지만 누구나 그렇듯, 자극적이고 흥미로운 일을 할 때는 다른 생각이 별로 안 날 수 있습니다. 반면 흥미가 떨어지거나 하기 싫은 일을 할 때는 사건에 대해 자꾸 떠오르거나 사건이 다시 발생할 것 같은 침습적인 재경험이 나타나기 쉽습니다.

■ 다만 나중에는 공부를 안 하려는 핑계로 외상 사건을 언급할 가능성도 있겠지요. 그러니 아동이 공부나 해야 할 일들을 피하려 할 때 무작정 받아주거나 공부를 안 해도 된다고 하는 대신, 상담 프로그램에서 배운 안정화 기술이나 대처법을 사용한 후 공부할 수 있도록 도와주는 편이 좋습니다.

Q6. 불안하다면서 왜 위험한 행동을 더 많이 할까요?

■ 외상 사건 경험 이후에 보이는 정서조절의 어려움은 개인마다 다른 양상으로 나타날 수 있습니다. 위험한 행동이나 비행 역시 외상 후 겪는 불편감을 조절하는 과정에서 나타나곤 하지요. 불안에 시달리는 사람이 오히려 공포 영화를 즐겨 보는 경우도 흔합니다. 혹은 성폭력 사건을 아무것도 아닌 일로 여기려 하는 경우, 이성과 더 빈번하게 어울림으로써 외상을 극복하고

숙달감을 얻었다고 느낄 수도 있습니다. 따라서 아이의 행동을 이상한 행동이라고 단정 짓기보다는 불편감의 다른 표현으로 이해해보려는 태도가 필요할 수 있습니다.

■ 다만 아이의 안전을 해칠 수 있는 위험 신호들을 알아차리고, 가능한 한 안전한 행동을 선택할 수 있도록 돕는 것이 중요합니다. 위험한 행동을 유발하는 상황들을 예상할 수 있게 할 필요도 있겠지요. 본 프로그램에도 이러한 안전계획이 포함되어 있으니, 아이가 성실하게 참여할 수 있도록 격려해주세요.

두 번째 | 훈육의 어려움

Q1. 아이가 너무 안쓰러워요. 다 받아주고만 싶어요.

■ 아이가 자신의 기분을 표현하고 달래주기를 요구하는 것은 자연스러운 일입니다. 짜증, 공포, 두려움, 무기력감 등 아이가 느끼는 감정을 헤아려주고 표현할 수 있도록 해주세요. 모두 외상과 관련하여 느낄 수 있는 감정들이며, 이러한 감정들을 표현하고 이해받는 과정은 매우 치유적인 경험입니다. 아이의 감정에 거부적이거나 과민반응하는 태도보다는 담담하면서도 수용적인 태도로 대해주세요.

■ 그러나 불편한 감정을 표현할 때만 관심을 기울이거나 조금만 힘들어해도 해야 할 숙제 등을 빼준다면, 아이는 원하지 않는 일을 피하는 수단으로써 자신의 불안함이나 불편감을 과장할 수도 있습니다. 안쓰러운 마음에 아이가 원하는 것을 다 허용해주는 일이 반복된다면 자칫 계속 힘든 모습을 보이려고 할 수 있지요. 따라서 일상생활에서 규칙적으로 해왔던 활동이나 충

분히 할 수 있는 일들은 스스로 계속 해나가도록 해주세요. 하던 일들을 평소대로 할 수 있도록 격려하고 기다려주는 일관된 태도가 중요합니다.

Q2. 다 내 탓 같고 미안해서 혼내기가 어려워요.

■ 보호자들은 종종 아이를 더 잘 보호하지 못한 것 같은 마음에 미안함을 느낍니다. 하지만 누구도 어떤 일이 일어날지를 미리 알 수는 없습니다. 보호자가 아이에게 발생하는 모든 부정적인 일들을 미연에 방지할 수도 없지요. 과거에 초점을 두고 후회하고 힘들어하기보다는, 앞으로 아이가 잘 성장할 수 있도록 양육해주는 것이 더 중요합니다. 아이가 사건 후에 겪는 정서적 어려움을 이해하며 공감하는 반응을 보여주되, 지켜야 하는 규칙들에 대해서는 분명히 훈육할 필요가 있겠지요. 이것이 아이의 미래를 위해 더 중요한 부분입니다.

Q3. 아무것도 안 하려고 해요. 공부도 손을 놓았어요.

■ 아이가 외상 사건 이후 심한 우울감이나 무력감을 경험하고 있다면, 당장 학업에 열중하는 일이 버거울 수 있습니다. 우선은 아이가 치료실에 오기 위해 혹은 학교에 가기 위해 씻고 준비하는 등 사소한 행동이지만 해야 할 일들에 힘을 들여 노력하는 데 초점을 두고 긍정적으로 피드백을 해주는 것이 좋습니다. 막연하게 잘했다고 칭찬하는 것보다, 소소하지만 아이가 노력하는 점을 잘 관찰하여 구체적으로 피드백을 주는 것이 더 효과적입니다. 보호자가 원하는 목표 행동을 달성하지 못했다 하더라도 시도를 한 것 자체에 집중해서 칭찬해주세요. 예를 들어 보호자는 '아이가 1시간 동안 책상에 앉아서 수학 문제집 다섯 장을 푸는 것'을 기대할 수 있겠지요. 그러나 잔소리를 듣기 전까지 숙제를 시작하지 않던 아이가 혼자서 책상에 앉았다면,

그 모습만으로 "○○가 놀고 싶었을 텐데도 스스로 책상에 앉았네"라고 말하며 아이의 작은 노력을 알아봐 주는 것이 필요합니다.

■ 한편 외상 증상의 하나로, 주의집중력이 저하되어 학업에 열중하기 어려울 수 있습니다. 그러나 학원을 빠지거나 학교에 결석하는 등 해야 할 일들을 회피하는 수단으로 외상 증상을 사용하지 않도록 주의 깊게 살펴야 합니다. 외상을 경험한 후유증과 정서적 어려움을 이해하고 지지하되, 이것이 책임을 회피하는 행동에 대한 방패막이가 될 수 없도록 아이가 할 수 있는 일들은 계속 해나가게 도와주세요.

Q4. 이제 많이 나아진 것 같은데, 아직도 생활이 엉망이에요.

■ 신체적인 질병의 경우에도 급성 증상이 호전된 후에 곧바로 이전처럼 일상생활을 하기는 어렵습니다. 체력을 회복하고 적응하는 시간이 필요하지요. 마찬가지로 외상 사건으로 인한 심리적 어려움이 컸다면, 다시 일상의 스트레스에 대처하면서 목표 지향적인 행동을 하기까지 마음의 체력을 회복하는 시간이 필요할 수 있습니다. 아이가 시도하고 있는 사소한 노력과 작은 실천에도 주목하고 긍정적인 피드백을 주는 것이 마음의 기운을 차리는 데 도움이 됩니다.

■ 보호자들은 때로 높은 수준의 학업 습관이나 생활 태도를 기대할 수 있습니다. 특히 외상 사건 이전부터 이러한 기대가 컸던 보호자라면 아이의 현재 모습이 너무 염려스러울 수 있습니다. 보호자의 기대가 아이의 특성이나 마음 상태에 적절한 것인지, 그러한 기대의 요구가 아이에게 도움이 되는지를 점검해볼 필요도 있겠습니다.

Q1. 아이가 치료를 원하지 않아요.

■ 아이들은 흔히 상담이나 심리치료를 통해 어떤 도움을 받을 수 있는지 모르기 때문에 치료에 대한 동기가 부족한 경우가 있습니다. 혹은 심리적 어려움을 스스로 잘 인식하지 못하거나, 아무렇지 않게 보이고 싶어 하는 경우도 있습니다. 잊고 싶은 기억들, 마주하고 싶지 않은 감정들이 떠오를까 봐 치료실에 오기 싫을 수도 있지요. 우선은 아이의 마음에 대해 공감하고 헤아려주는 것이 필요하며, 어떤 이유 때문에 치료를 원하지 않는지 이야기를 나누며 살펴보는 것이 좋겠습니다.

■ 외상을 경험한 모든 사람들이 심각한 심리적 위기 상태에 처하는 것은 아니며, 시간이 지나면서 자연스럽게 치유되는 경우도 있습니다. 이는 아동·청소년이 경험한 외상의 심각성, 아동·청소년의 기질과 성격, 자원, 과거 경험, 주변 환경 등에 따라 달라질 수 있습니다. 실제로 마음이 괜찮은 것인지, 아니면 불편감이나 어려움을 인식하지 못하거나 숨기려고 하는 것인지에 대해 깊게 이해하기 위해서는 전문적인 평가와 상담이 필요합니다.

■ 평가를 통해 약물치료나 심리치료가 필요하다고 권고받았다면, 아이가 치료를 시작할 수 있도록 설득하는 것이 중요합니다. 상담을 시작하여 일주일에 한 번씩 꾸준히 진행한다면 동기가 부족했던 아이도 긍정적인 태도로 변화할 수 있습니다. 동기가 없는 아동일수록 상담자와 신뢰관계를 형성하는 데 좀 더 많은 시간이 필요할 수 있습니다만, 일단 상담자와 긍정적 관계를 맺는다면 이후 심리치료의 중요한 자원이 될 수 있습니다. 그러므로 우선 아이가 심리치료를 시작하여 회복을 위한 첫발을 딛게 하는 것이 무척 중요합니다.

Q2. 치료를 진행하면서 아이가 이전보다 더 힘들어하는 것 같아요.

■ 상담 과정에서 아이가 일시적으로 더 힘들어하는 경우가 있습니다. 첫 번째
는 이전에는 감정을 억압하던 아이가 상담을 해나가면서 자신의 부정적 감
정을 인식하고 표현하기를 시도하는 경우입니다. 이는 보호자 입장에서 아
이가 전보다 더 힘들어하는 것처럼 보일 수 있지만, 사실은 후유증을 극복
하고 치유해나가고 있다는 좋은 신호입니다. 이때 보호자가 아이의 표현을
담담하게 들어주면서 버텨주는 것이 필요합니다. 두 번째는 치료 과정 중
외상 사건에 대한 기억을 정리해나가는 노출치료 동안, 사건에 대한 재경험
으로 인해 일시적으로 불쾌감이나 불안감이 상승하는 경우입니다. 이 또한
치료 과정의 일부이므로 아이가 노출치료에 대한 동기를 유지할 수 있도록
격려해주는 것이 도움이 됩니다.

■ 위 두 가지 경우가 아니라면, 보호자가 우려하는 것처럼 현재 아이의 증상
이 좀 더 심해진 상황일 수도 있겠습니다. 외상 사건을 떠올리게 하는 단서
에 노출되었거나, 가해자를 만났거나, 일상생활의 스트레스가 높아지는 것
등과 관련된 경우일 수 있으므로, 이에 대해 보호자와 상담자가 함께 여러
가지 가능성을 면밀하게 검토하며 탐색해볼 필요가 있습니다. 더불어 치료
실에서 배운 안정화 기술들을 가정에서도 상기할 수 있도록 간단하게 단서
를 주고, 함께 연습해주세요.

Q3. 이제 많이 괜찮아진 것 같은데, 치료에 그만 오고 싶어요.

■ 아이가 많이 괜찮아진 것 같다니 다행입니다. 시간이 흐르면서 자연스럽게
회복해가는 것일 수도 있고, 프로그램 초기에 배운 안정화 기술을 아이가
잘 습득하여 활용하고 있기 때문일 수도 있습니다. 어떤 이유든 이러한 호
전이 지속된다면 다행이지만, 외상 경험이 제대로 잘 정리되지 않은 상태에

서는 사소한 스트레스나 단서에도 다시 힘들어질 위험이 있습니다. 미래에 다시 발생할 수 있는 현실적인 위험이나 심리적 어려움을 예방하려면, 대처법 습득을 포함한 전체 치료 프로그램을 마치는 것이 안전합니다.

Q4. 정신과 약물을 꼭 먹어야 하나요?

- 아이가 정신과 약물을 복용하는 것에 대해 걱정스러운 마음이 들 수 있습니다. 그러나 급성적인 불안감이나 우울감에 압도되어 있을 때는 신경생리학적 기전에 빠르게 작용하는 정신과 약물이 큰 도움이 됩니다. 물론 약물치료로 근본적인 문제가 모두 해결되지는 않습니다. 다만 증상에 적합한 약물치료를 병행하면 아이가 견뎌야 할 주관적 고통이 경감되고, 아이의 정서적 어려움이 자칫 위험한 행동으로 이어지는 것을 예방할 수 있습니다.

- 아이에게 처방되는 정신과 약물은 가장 엄격하게 안정성이 검증된 것들이지만, 개인에게 맞는 약물의 종류와 용량을 찾아가는 과정에서 일부 부작용이 발생할 수 있습니다. 용량 조절과 복약 중단 등의 모든 과정은 정신과 전문의와 상의하에 진행하는 것이 중요합니다.

- 미성년자의 경우, 가능하면 보호자가 매일 약을 직접 챙겨주면서 아이가 약을 삼키는 것까지 확인하는 것이 좋습니다. 자살 시도 등의 목적으로 약을 모아두거나 약을 먹기 싫어서 버리는 경우도 있으니, 보호자의 감독이 반드시 필요합니다.

Q1. 형제자매가 스트레스를 많이 받는 거 같아요.

■ 형제자매 역시 간접적으로 외상에 노출되었을 수도 있고, 혹은 외상을 겪은 아이에게 보호자의 관심과 신경이 집중되면서 소외감을 느끼거나 보살핌이 부족해져 스트레스를 경험할 수도 있습니다. 연령에 따라서는 다른 형제자매가 소외되지 않도록 마음을 써야겠지만, 형제자매 간 연령 차이가 크게 나지 않는다면 상황을 대략적으로라도 이해할 수 있도록 보호자가 직접 설명해주는 것이 좋습니다. 막연히 눈치를 보면서 상황을 잘못 이해하지 않도록 함께 충분히 이야기를 나누어주세요.

Q2. 사건에 대한 감정이 올라와 제가 격앙될 때가 있는데, 어떻게 하는 게 좋을지 모르겠습니다.

■ 아이가 겪은 외상 때문에 보호자 역시 정서적인 어려움을 겪을 수 있습니다. 여기에는 사건에 대한 충격, 처리 상황에 대한 분노, 보호해주지 못했다는 죄책감 등 다양한 이유들이 있습니다. 보호자 역시 정서조절을 위하여 여러 가지 방법을 사용할 수 있습니다. 만약 혼자서 조절하기 어렵다면 보호자가 진료나 치료를 받는 것도 하나의 방법입니다.

■ 아이와 대화하는 도중에 보호자가 감정적으로 힘들어하는 모습을 보이거나 대화를 단절해버리면 아이 입장에서는 당황스럽거나 죄책감을 가질 수 있습니다. 그러니 "엄마도 때로 감정조절이 어려울 때가 있고, 앞으로는 더 좋은 대화를 위해 감정을 조절하는 시간을 가지고 이야기하려 한다"와 같이 솔직하게 미리 말해주는 것이 좋겠습니다.

Q3. 가족이나 선생님에게 공개하는 것이 좋을까요, 비밀로 하는 것이 좋을까요?

■ 아이가 믿을 수 있는 대상인지, 또 공개하기를 원하는지가 중요한 것 같습니다. 숨긴다는 것 자체가 긴장감을 유발하는 측면이 있으므로, 비밀로 하는데 대한 어려움이 있을 가능성도 고려해야 합니다. 이 문제는 상황에 따라 무엇이 최선인지 다를 수 있으니 꼭 그렇게 해야만 하는 정답이 있는 문제는 아닙니다. 현재 상황에 대해 알고 있는 가족 및 상담자와 충분히 논의하며 시간을 두고 결정해나갈 수 있습니다.

■ 학교에 공개하고자 한다면 우선 당사자의 생각이 어떤지 확인하고, 담임 선생님에게 말할 때의 득과 실을 구체적으로 판단해보기를 권합니다. 담임 선생님의 특성, 학교의 분위기 등을 고려하는 것도 필요합니다. 아이의 어려움을 이해받고 적절한 지원을 요구하고자 알렸으나 오히려 학교 측으로부터 2차 피해를 당할 가능성도 높으니, 이에 대해서도 반드시 염두에 두어야 하겠습니다.

다섯 번째 | 성폭력 등의 대인관계 외상에서 발생할 수 있는 문제들

Q1. 가해자에게 자꾸 연락이 와서 저도 아이도 불안합니다.

■ 보호자와 아이 모두 놀라고 불안할 수 있는 상황입니다. 사건을 떠올리는 자극을 접했을 때 외상 경험 당시와 비슷한 반응이 나타나는 것은 당연합니다. 이와 관련하여 현실적인 부분의 대처 및 심리적인 부분의 대처 모두 중요합니다.

■ 현실적인 부분에서는 가해자가 어떤 목적으로 연락을 하는지 확인할 필요가 있습니다. 가해자의 연락에 응하기 전에 반드시 가족끼리 상의하거나 소

송대리인(변호사), 담당 형사와 논의해야 한다는 점을 아이에게 강조하여 즉흥적으로 대응하지 않도록 해주세요. 그 외 도움을 구할 수 있는 사람 및 기관을 알아두는 것도 좋습니다.

■ 심리적인 부분에서는 놀라고 두려웠을 아이의 마음을 지지해주고 안정화를 도와주세요. 치료실에서 배웠던 정서조절 기술들을 함께 연습해주면 도움이 됩니다. 구체적으로 자기 전에 가족이 함께 심호흡이나 긴장-이완 훈련을 해주는 것이 좋습니다.

Q2. 아이가 가해자의 근황을 SNS를 통해 계속 확인하려 하고, 사건 처리 과정에 대해 질문하곤 합니다.

■ 자신이 연루된 사건이기 때문에 처리 과정을 궁금해하는 것은 어찌 보면 당연합니다. 그러므로 전체 사건 처리 과정 중 현재까지 진행된 부분과 앞으로 남아있는 과정에 대해 대략적으로 이야기해줄 수 있습니다.

■ 만약 아이가 가해자나 사건 처리 과정에 대해 일상생활이 방해받을 정도로 과하게 관심을 가진다면, 그 이유와 관련된 정서를 파악해볼 필요가 있습니다. '처벌을 하고 싶어서'(분노)일 수도 있고, '본인의 안전에 대해 궁금해서'(불안)일 수도 있겠지요. 아이가 전자로 이야기한다 하더라도 가해자의 SNS를 계속 확인하는 것은 후자일 가능성도 있습니다. 아이가 느끼는 두려움이나 분노의 감정을 헤아려주고, 충분한 공감과 지지를 표현해주세요.

Q3. 아이가 가해자를 좋게 생각하는 것 같아요.

■ 가해자와 좋은 기억이 있었다면 아이는 복잡한 마음이 들 수 있습니다. 분노와 배신감 뒤에는 가해자와의 사이가 정말로 끝나버린 것에 대한 불안감

과 상실감이 자리하고 있을 수도 있고, 자신 때문에 가해자가 고소를 당하고 처벌을 받는다고 여겨 죄책감과 미안함을 가질 수도 있습니다. 가해자가 했던 행동의 의도와 의미를 정확히 이해하지 못하고 있는 경우에는 마음이 더욱 복잡할 수 있습니다. 때로 노출치료 등 외상에 대해 상세히 정리해나가는 과정에서 나쁜 기억뿐 아니라 좋은 기억이 떠오르기도 합니다. 만약 치료 과정에서 이러한 기억이나 감정들의 의미를 이해하고 통합해나가고 있는 중이라면 크게 걱정하지 않아도 됩니다.

■ 보호자의 입장에서 아이가 가해자에 대해 긍정적으로 표현하거나 좋은 기억을 떠올린다면 매우 당황스럽고 혼란스러울 수 있습니다. 하지만 사건에 대한 기억은 여러 감정이 뒤섞인 덩어리 같은 것으로, 특히 대인관계 외상의 경우에는 실제로 좋은 면이 있었을 수도 있습니다. 나쁜 기억이든 좋은 기억이든 억압하거나 억지로 잊는 것이 아니라, 자신이 겪은 경험의 일부로 받아들이는 것이 더 좋습니다. 어떤 기억이나 감정이든 솔직하게 인식하고 표현하는 것이 오히려 외상 기억을 자연스럽게 흘려보내는 데 도움이 됩니다.

참고문헌

Sunderland, M. (2007). 마음이 굳어진 아동을 도우려면 (한국심리치료 연구소 편집부 역). 한국심리치료 연구소. (원서출판 2001).

보호자용 워크시트

외상 후 스트레스 반응

우리의 신체가 먹은 것을 잘 소화시키고 긁히거나 멍든 상처를 스스로 치유하는 것처럼,
우리의 뇌도 마음의 상처를 스스로 치유하는 능력을 가지고 있습니다.

그러나 과식을 하거나 안 좋은 음식을 먹으면 속이 더부룩하고 배가 아파지듯,
또 심한 신체적 상처를 그냥 두면 곪거나 더 큰 상처로 번져 외과적 수술이 필요하듯,
우리의 뇌 역시 충격적인 경험은 쉽게 소화시키지 못합니다.

이렇듯 뇌가 소화시키기 어려울 만큼 충격적인 일을 경험했을 때,
우리는 흔히 다음의 세 가지 모습을 보이게 됩니다.

나쁜 일에 대해 생각하는 것을 멈출 수 없어요.

- 사건에 대한 생각이 계속 나요.
- 사건을 그대로 다시 보여 주는 것 같은 놀이를 해요.
- 마치 사건이 바로 지금 다시 일어난 것 같은 느낌이 들어요.
- 악몽을 꿔요.

너무 불안하고 초조해요. 자꾸 깜짝 놀라게 돼요.

- 잠을 자기 어려워요.
- 집중하기 어려워요.
- 쉽게 짜증이 나요.
- 자꾸 누군가를 공격하거나 뭔가를 부수고 싶어져요.
- 작은 일에도 깜짝 놀라고 무서워요.

나쁜 일을 생각나게 하는 것을 피해요.

- 사건을 생각나게 하는 장소나 물건들을 피해요.
- 친구들과 어울리지 않아요.
- 전보다 놀지 않고 가만히 있을 때가 많아요.
- 전보다 행복해 보이지 않고 애정 표현도 적게 해요.
- 자주 멍해져요.

우리 몸 속 사이렌

뇌의 편도체는 위험한 상황에서 자동적으로 반응할 수 있게 하는 사이렌 같은 역할을 합니다. 위험한 상황이라는 단서가 감지되면, 그 상황에서 빠르게 도망치거나 싸울 수 있도록 해 주지요.

이렇게 편도체가 신호를 보낼 때 우리 몸은 호흡이 빨라지고, 주변 자극에 민감해져서 피부가 곤두서는 느낌이 들고, 주먹이 꽉 쥐어지고 근육이 긴장돼요. 때로 도망치거나 싸우는 것조차 힘들 것 같은 상황에서는 동물이 죽은 척을 하듯 멍해지고 숨이 느려지기도 합니다.

이 모든 반응은 위험한 상황에서 '정상적'이고 '효과적'인 반응입니다. 우리가 위험한 상황에서 살아남을 수 있게 해 주기 때문이지요. 그렇지만 시간이 지나고 더 이상 위험한 상황이 아닐 때에도 계속 사이렌이 울린다면, 다른 곳에 에너지를 쓰기 어렵겠지요.

신체	• 복통 • 극도의 피로함 • 수면 곤란	• 호흡곤란 • 통증에 무뎌짐 • 악몽	• 빠른 심장박동 • 접촉에 민감해짐 • 야경증
정서	• 불안 • 쉽게 화가 남	• 죄책감 • 분노와 짜증이 폭발함	• 긴장 • 멍해지고 공상에 잠기는 듯함
행동	• 보호자에게 의존하는 행동 • 위험을 수반하는 행동 • 안전의 끊임없는 확인		• 반복적인 놀이, 질문, 행동 • 집중 곤란 및 산만한 행동 • 외상 상기물에 대한 회피
사고	• 안전한 세상이나 타인에 대한 믿음의 상실		

마음의 창

우리는 각성 수준을 안정적인 수준으로 유지하려고 합니다. 이 상태에서는 감정을 적절하게 표현하면서 지낼 수 있지요. 이 상태를 '안전구역'이라고 합니다.

그러나 외상을 경험한 사람들은 아래 그림의 굵은 점선처럼 안전구역의 범위가 좁아져 있어서 각성을 과도하게 많이 느끼거나 혹은 지나치게 조금 느끼게 됩니다. 그래서 쉽게 놀라거나 쉽게 멍해지는 것처럼 보일 수 있습니다.

외상을 경험한 사람들에 대한 심리치료의 목표는 각성 조절 수준을 자신의 안전구역으로 들어오게 하고, 안전구역을 적절한 폭으로 유지하도록 하는 것입니다.

아동이 현재 어느 정도로 각성되어 있나요? 배 모양으로 그려 표시해 주세요.

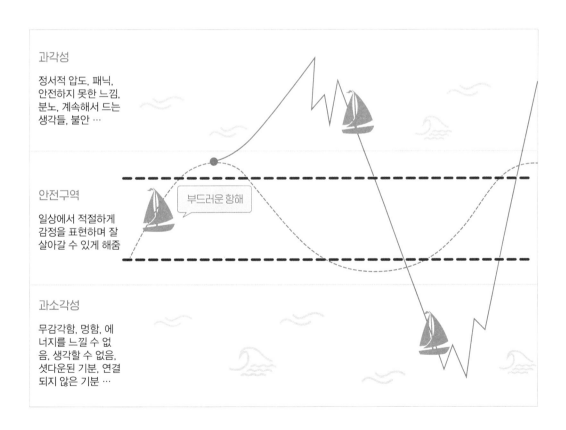

아이의 심리치료를 시작하며

아이만의 특별한 시간

아이의 치료 시간은 성인 상담에서와 마찬가지로 '비밀이 보장된 시간'입니다. 그리고 성인을 존중하는 것과 똑같이 아이들도 존중해야 합니다.

아이는 누군가에게, 심지어 보호자에게도 치료에서 있었던 일들을 보고해야 한다는 의무감이나 불안감을 느껴서는 안 됩니다. 치료 시간이 비밀을 보장받는 자신만의 시간이 될 때, 아이가 자신을 충분히 표현하고 감정을 조절해 나갈 수 있습니다. 아이가 치료 시간을 온전히 자신의 것으로 느낄 수 있도록 도와주세요.

치료가 끝나면…

치료가 끝나면 그날의 주제와 일반적인 인상을 나눕니다. 그리고 보호자가 함께해 주실 과제, 아이가 해야 할 과제 등 치료 진행과 관련된 정보에 대해 말씀드릴 것입니다. 그러나 아이가 어떤 말이나 행동을 했는지에 대해서는 이야기해 드릴 수 없습니다. 아이에게도 치료 시간에 어떤 말이나 행동을 했는지, 어떤 활동을 했는지 물어보지 마시고, 그저 평상시처럼 대해 주세요.

비밀 보장의 한계

다만, 아이가 자신이나 타인을 해칠 위험이 있는 경우에는 아이가 동의하지 않는다 해도 보호자에게 알려 아이의 안전을 지킬 것입니다. 아이를 인격적으로 존중하며 안전을 보호하는 것이 치료의 중요한 원칙입니다.

치료 과정의 이해

외상과 치료의 원리 교육

외상 증상에 대해 알려 주어 아이가 자신의 현재 상태를 정상화하고 이해하게 합니다. 또한 치료 과정과 원리를 알고, 보다 안전하고 예측 가능한 기분으로 치료에 참여할 수 있도록 돕습니다.

정서조절 기술

아이가 적정한 정서 상태에 머물 수 있게 도와주는 기술을 배웁니다. '① 정서 인지와 표현, ② 안정화 기술, ③ 생각-감정-행동의 관계 이해'라는 세 단계로 이루어집니다. 이는 본격적인 외상 이야기 노출에서 아이가 자신의 정서를 조절할 수 있게 하는 준비 작업이기도 합니다.

★ 이야기 노출 ★

노출은 외상 경험이 '이미 지나간 일'이라는 것을 알게 해 주는 특별한 방법입니다. 사건에 대해 다시 떠올리면서 전체 이야기를 만들어 나가고, 사건에 대한 생각과 감정에 대해서도 짚어 봅니다. 치료에서 가장 중요한 단계로, 아이의 상태에 따라 조절해 가며 진행합니다.

자원 강화와 외상의 맥락화

맥락화란 외상 경험을 개인의 전체 삶에서 일어날 수 있는 여러 사건 중 하나로 생각해 보고, 그 의미를 통합하는 것입니다. 힘든 시간을 보냈지만 이 사건으로 인해 개인의 삶이 끝난 것이 아니며, 앞으로도 삶의 수직선 위에는 다양한 경험들이 그려질 것이라는 점에 대해 다룹니다. 또한 자신의 강점과 자원을 찾아보며 자신에 대해 긍정적으로 조망해 보게 합니다.

안전계획

아이가 실제적인 안전감을 느낄 수 있도록, 스스로를 보호할 수 있는 대처 방법들을 알아보고 상황에 맞게 안전계획을 세워 봅니다.

노출치료의 원리

■ 감당하기 어렵거나 불편한 감정을 조절하는 방법을 배우는 것은 충격적인 일을 경험한 이후 다시 일상생활을 해 나가는 데 도움이 됩니다. 그러나 이것만으로는 충분하지 않습니다. 정서조절 방법을 안다고 해도, 이미 지나간 일에 대해 깜짝 놀라거나 긴장되는 일 자체가 지속될 수 있기 때문입니다.

■ 아이가 외상 사건과 관련된 단서들을 계속해서 피한다면, 뇌의 신경회로들은 사건이 끝난 것을 모르는 채로 관련된 단서만 보면 작동하는 방식으로 계속 연결을 유지합니다. 그렇기 때문에 우리는 더욱 핵심적인 도움을 주기 위해 또 다른 연습을 해야 합니다.

■ 즉, 두렵고 힘들어도 사건과 관련된 단서를 다시 조금씩 마주해서, 이제는 지나간 일이라는 사실을 알려 주어야 합니다. 충격적인 사건을 다시금 떠올려 잘 다룰 수 있게 된다면, 기억 체계에 '이미 지나간 일'로 넣어 줄 수 있습니다.

■ 이는 마치 작은 상처는 밴드를 붙이거나 약을 바르는 정도로 충분히 아물 수 있지만, 큰 상처를 치료하기 위해서는 상처를 잘 들여다보고 소독하고 수술을 하는 과정이 필요한 것과 마찬가지입니다.

■ 노출치료의 목적은 아이를 힘들게 하려는 것이 아니라 도와주려는 것이고, 치료자와 함께 안전하게 진행될 것입니다. 그러나 처음 노출에 들어갔을 때는 일시적으로 힘들어할 수 있습니다. 피해 왔던 것을 직면하는 순간이니까요. 치료실에서 노출치료를 한 후 사건이 생각나서 불안하고 두려워하는 모습이 나타날 수 있고, 갑자기 짜증스러운 행동을 보일 수도 있어요. 몸이 여기저기 아프거나 머리가 어지럽거나 속이 메스꺼운 것과 같은 신체적인 증상을 호소할 수도 있고, 치료실에 가는 것을 거부하거나 회피할 수도 있습니다.

■ 이러한 반응들은 노출치료 중에 나타날 수 있는 자연스러운 반응입니다. 복잡한 감정

을 경험하고 있는 아이를 안아 주고, 회복을 위해 용기 있게 나아가고 있는 점을 지지하고 격려해 주세요. 보호자와 치료사가 아동의 옆에서 함께할 것이라는 확신을 주는 것도 도움이 됩니다. 또 치료실에서 배웠던 안정화 기술들(예: 심호흡, 긴장-이완 훈련, 안전지대 심상 훈련)을 사용할 수 있도록 함께 연습해 주세요. 노출 과정을 거치며 아동은 점차 괴롭고 힘든 기억을 잘 다룰 수 있게 되고, 마침내 그 사건이 이미 지나간 일이라는 것을 믿고 앞으로 나아가는 자신을 발견하게 될 거예요.

어떻게 반응해야 할까

아이가 자신의 외상 사건에 대해 이야기할 때 해 주면 좋을 말과 삼가야 할 말들을 나열해 두었습니다. 이 외에도 어떤 것들이 있을지 적어 봅시다.

해 주면 좋을 말

◯

"많이 놀라고 무서웠지? 옆에 있어 줄게."
"이야기하기 힘들었을 텐데, 엄마에게 이야기해 줘서 고마워."
"나도 처음 겪는 일이라 모르는 것이 많지만, ◯◯가 회복되고 예전처럼 행복하게 지낼 수 있도록 도와주고 함께할게."
"네 잘못이 아니야."
"너 때문에 발생한 일이 아니야."

-
-

삼가야 할 말

✕

"그러길래 거기를 왜 갔어."
"엄마가 그 친구들이랑 어울리지 말라고 했지."
"동네 창피해서 이제 앞으로 어떻게 지내니?"
"네 말을 어떻게 믿니?"
"네 인생은 이제 끝났어. 이제 어떻게 할 거니?"
"조심하라고 했잖아."
"이번 일은 그냥 비밀로 하고 조용히 넘어가자."
"그 일이 일어난 지도 한참 됐는데, 그 얘기를 언제까지 할 거니? 이제 잊어."
"그 얘기는 듣고 싶지 않아. 엄마도 힘들어."

-
-

나의 즐거운 활동

다음 목록 중에서 내 기분을 좋아지게 하는 활동이 있다면 체크해 주세요.

체크 리스트

- ☐ 친구에게 전화해서 수다 떨기
- ☐ 드라이브하기
- ☐ 집 앞 산책로 걷기
- ☐ 좋아하는 차 마시기
- ☐ 방이나 옷장 정리하기
- ☐ 낮잠 자기
- ☐ 음악 듣기
- ☐ 노래방 가기
- ☐ 뜨개질하기
- ☐ 만화책 읽기
- ☐ 과거에 좋았던 기억들 떠올리기
- ☐ 운동 경기 시청하기
- ☐ 좋아하는 꽃 한 송이 사기
- ☐ 자전거 타기
- ☐ 미용실 가기
- ☐ 강아지와 산책하기

- ☐ 일기 쓰기
- ☐ 반신욕하기
- ☐ 맛있는 케이크 사 먹기
- ☐ 여행 가기
- ☐ 좋아하는 바디로션 바르기
- ☐ 유튜브에서 재밌는 영상 보기
- ☐ 종교 활동 하기
- ☐ 운동하기
- ☐ 블록 조립하기
- ☐ 영화 보기
- ☐ 나를 위한 작은 선물하기
- ☐ 책 읽기
- ☐ 바라는 것을 이룬 모습 상상하기
- ☐ 사랑하는 사람과 시간 보내기
- ☐ 매니큐어 바르기
- ☐ 등산하기

내가 좋아하는 활동

정서조절 기술

부정적인 감정이 올라올 때 정서조절 기술을 활용하면 도움이 됩니다.

심호흡

- 편안한 자세에서 집중하여 숨을 들이쉰 다음(2초), 잠시 멈추었다가 숨을 내뱉어 주세요 (4초). 온몸에 숨을 불어넣듯이 천천히 깊게 진행하는 것이 중요합니다. 3~5회 정도 반복 하여 실시해 주세요.
- 촛불 끄기, 커다란 비눗방울이나 풍선 불기, 바람개비 불기 등을 상상하면서 실시하면 도움이 됩니다.

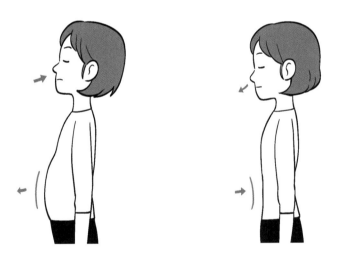

긴장-이완 훈련

- 몸의 전체 혹은 부분에 힘을 주어 긴장한 상태로 만들었다가(2초), 힘을 툭 털어 이완된 상태로 만들어 주세요(2초).
- 긴장-이완 훈련을 하기 전, 몸에 집중하여 현재 긴장된 곳이 어느 부분인지 확인해 보세요. 그 부분을 중심으로 연습해도 좋습니다.

- 오랜 긴장 상태로 인해 굳어 버린 부분이나 통증이 느껴지는 부분이 있다면, 최대한 힘을 빼고 심호흡을 하며 이완된 상태를 만들어 주세요. 이완된 느낌을 충분히 느낄 수 있게 합니다.

안전지대 심상 훈련

- 눈을 감은 채로 편안하고 안전한 장소, 행복감을 느낄 수 있는 풍경 등을 떠올려 보세요 (20~30초).
- 그곳에서 보이는 것들, 느껴지는 소리나 냄새, 분위기, 촉감 등을 같이 떠올려 보고 감각에 집중해 보세요.

생각이 바뀌면, 감정은…

어떤 감정들은 상황 자체에서 유발된다기보다 우리가 그 상황을 어떻게 해석하느냐에 따라 달라질 수 있습니다. 그렇기 때문에 같은 사건이라도 내가 다르게 해석하고 이해하면 이전과 다른 감정을 느낄 수 있게 되지요.

아래 예시는 기존의 생각을 변화시키면 뒤따라오는 감정도 바뀔 수 있음을 보여 줍니다. 빈 칸에 보호자의 현재 생각과 감정들을 적어 보고, 그 생각을 바꾸었을 때 감정이 어떻게 변화하는지도 적어 봅시다.

부정적 생각			변화한 생각	
생각의 내용	감정		생각의 내용	감정
아이가 다치지 않게 막았어야 했다. 아이가 다치고 상처받게 된 것은 내가 미리 막지 못했기 때문이다.	죄책감, 나에 대한 분노		내가 모든 것을 다 막고 통제할 수는 없다.	부담감과 죄책감이 감소함.
우리 아이는 평생 이 상처를 안고 현재의 고통스러운 증상들을 겪으면서 살아갈 것이다.	무망감, 우울감, 무력감		상처를 경험했지만 치료기관의 도움과 아이의 내적인 힘을 통해 회복하는 과정에 있다. 회복 후에는 예전처럼 지낼 수 있을 것이다.	
다른 사람들에게 이 사실을 알려서는 안 된다.		→		
아무런 대응도 하지 못한 아이의 잘못이다.				

생각 바꾸기

어떤 생각들은 보호자의 마음을 더욱 괴롭게 할 수 있습니다. 다음은 외상을 경험한 아동의 보호자들이 흔히 겪는 감정과 관련된 생각들입니다. 각각의 생각들이 나의 감정과 행동, 아이에게 미치는 영향에 대해 생각하며 읽어 봅시다.

> "왜 하필 내 아이에게 이런 일이 일어난 거지?"
>
> "나는 그때 뭘 하고 있었지? 그 시간에 그런 일이 있었던
>
> 줄도 모르고···. 난 엄마(아빠) 자격이 없어."
>
> "난 온종일 아이를 지켜봤어야 했고, 아이를 지켰어야 했어."
>
> "그 자식(가해자)은 인간쓰레기야. 죽어 버렸으면 좋겠어."

지인이 이런 생각을 하고 있다면 어떻게 말해 줄 수 있을지 생각해 봅시다. 어떤 공감과 조언을 해 줄 수 있을까요?

-
-
-
-
-

저자 소개

최지영

인하대학교 아동심리학과 교수

임상심리학 박사, 임상심리전문가, 인지행동치료전문가, 정신건강임상심리사 1급

전) 인제대학교 상계백병원 정신건강의학과 교수

전) 서울해바라기아동센터 임상심리전문가

전) 다복솔센터 놀이치료실장

"이 프로그램은 외상을 경험한 아동·청소년들을 위한 개입으로 효과성이 검증된 인지행동치료에 기반하면서도 우리나라 상황에서 생생하게 적용할 수 있도록 현장 경험을 바탕으로 개발되었습니다. 현장의 많은 아동·청소년 상담자들과 공유되기를 바랍니다."

홍승희

서울해바라기센터(통합) 심리지원팀 팀장

발달 및 발달임상심리학 석사, 임상심리전문가, 학교심리사 1급, 정신건강임상심리사 1급

전) 서울특별시 어린이병원 행동치료사

전) 세브란스 어린이병원 소아정신과 임상심리사

전) 인제대학교 상계백병원 학습발달클리닉 임상심리사

"외상을 경험한 아동·청소년을 처음 만나는 상담자들이 '이제는 말해도 괜찮다'고 편안하게 이야기하는 데에 작은 도움이 되길 바랍니다."

조은영

서울특별시 어린이병원 정신건강의학과 임상심리전문가

발달 및 발달임상심리학 석사, 임상심리전문가, 학교심리사 1급, 정신건강임상심리사 1급

전) 세브란스 어린이병원 소아정신과 임상심리사

전) 인제대학교 상계백병원 학습발달클리닉 임상심리사

전) 경기남부해바라기센터(거점) 심리지원팀 팀장

"외상을 겪은 아동·청소년들이 심리치료를 통해 '그땐 그랬었지'라고 이야기할 수 있기를, 몸과 마음의 고통에서 회복되어 자신을 더 사랑할 수 있기를 바랍니다."